IDA-R. SÉE.

Le Devoir Maternel

*Avec une Préface de H. ROLLET, avocat
à la Cour d'appel de Paris*

1911

Eugène FIGUIÈRE et Cie, ÉDITEURS
— 7, Rue Corneille, 7 —
PARIS

LE DEVOIR MATERNEL

IDA-R. SÉE.

Le Devoir Maternel

Avec une Préface de H. ROLLET, avocat
à la Cour d'appel de Paris

1911
—

EUGÈNE FIGUIÈRE et Cᴵᵉ, ÉDITEURS
— 7, Rue Corneille, 7 —
PARIS

PRÉFACE

« *La famille est la véritable molécule sociale,*
« *suivant qu'elle est intacte ou entamée, elle fait*
« *la prospérité ou la décadence de la nation;*
« *mais d'un autre côté, la famille vaut ce que*
« *vaut la femme; si le père en est le chef la mère*
« *en est la base, c'est elle qui est la providence*
« *ou la ruine du ménage.* » [1]

Ainsi s'exprimait avec sagesse, il y a peu de temps encore, l'excellent et regretté Cheysson qui, comprenant si bien le rôle social de la femme, consacrait les dernières années d'une existence bien remplie à favoriser l'essor de l'apprentissage ménager. Avant lui, Jules Simon et tous ceux qui, à la fin du siècle dernier, avaient au cœur l'amour de la patrie et voulaient son relèvement, proclamaient qu'en dépit des transformations sociales, il fallait retenir la femme au foyer.

Il semble que, depuis une quinzaine d'années, sous l'inspiration de ces justes principes, des efforts sérieux et méthodiques aient été réalisés en France, en vue de donner aux fillettes et aux jeunes filles les leçons qui les préparent à mieux remplir, plus tard, leur rôle dans la famille. Nous

---

(1) Préface de M. Cheysson à l'ouvrage de M. St-Laurent sur l'organisation de l'apprentissage. Lecoffre, éditeur, Paris.

avons, à Paris, l'École des mères, et nous savons l'intelligence, le courage, l'ingéniosité, la persévérance que Madame Moll-Weiss a dû déployer pour fonder cette utile institution. Bien d'autres éducatrices ont tenté depuis d'enseigner l'art ménager, de créer même la science du ménage, et sur ce terrain, il est évident que nous sommes en progrès.

Mais le rôle de la femme dans la famille n'est pas seulement de tenir sa maison, avec propreté, hygiène, ordre, économie, de préparer pour son mari et ses enfants la cuisine qui convient le mieux à leur estomac, et de veiller sur leurs vêtements, elle a encore une mission singulièrement haute à remplir et, pour laquelle elle est douée par la nature, d'aptitudes spéciales, nous voulons parler de sa mission d'éducatrice.

« Ce qu'il y a de plus élevé au monde, de plus « difficile à faire, a dit Léon Bourgeois, c'est « l'éducation des enfants. »

Leur formation morale est, en effet, la base de tout. Le problème général de l'éducation est le problème primordial, par son objet même, et sans doute, aussi il est le plus compliqué par les nombreuses questions qu'il soulève et par les difficultés de toutes sortes qu'il présente.

Les meilleurs esprits de notre époque, les Gréard, les Félix Pécaut, les Herbert Spencer, les Lavisse, les Fouillée, les Boutmy, les Poincaré, etc., s'accordent à dire que, dans la formation d'une Société la part de l'éducation est beaucoup plus importante que celle de l'instruction.

D'ailleurs, Socrate ne disait-il, il y a bien des siècles, que le meilleur moyen d'empêcher que l'instruction ne fût une arme aux mains des criminels, c'était de donner une plus large part à l'éducation morale qu'à l'instruction intellectuelle et scientifique, de ne pas concevoir cette dernière sans la précédente, de ne pas croire que la connaissance des faits et vérités d'ordre positif puisse suppléer aux sentiments, dans une bonne éducation.

L'école assure l'instruction, mais peut-elle donner aussi cette éducation qui est la base de la culture humaine ?

D'aucuns l'espèrent ; certains souhaitent comme M. Gache qu'elle devienne un guide pour les parents, mais tout le monde sent et comprend que, normalement, c'est à la famille et avant tout à la mère que revient la tâche grave et délicate d'élever les enfants.

C'est la mère qui avant même la naissance du bébé a déjà le devoir de veiller à ce qu'il vienne au monde dans les meilleures conditions possibles, c'est elle qui doit pendant la première année assurer l'existence du petit être encore si frêle, c'est *elle qui doit guider ses premiers pas, faire l'éducation de ses sens, de sa volonté, de son caractère, de son cœur.*

Sans doute, la mère possède en général dans son propre cœur une science qui ne s'apprend pas, en aimant l'enfant, elle lui apprend à aimer et c'est là l'essentiel de la culture morale, mais il est nécessaire qu'elle voie toute l'importance de ses devoirs et qu'elle sache les mettre en pratique. Il lui faut tout d'abord assurer à l'enfant, le développement de ses forces, la santé physique étant la base de la santé morale. Il lui faut corriger certaines influences héréditaires, développer les facultés, modérer des tendances parfois trop accentuées, discipliner sans l'annihiler la volonté, fortifier même si c'est possible l'activité volontaire de l'enfant, former le caractère. Que de problèmes multiples et complexes !

Le livre que nous donne aujourd'hui Mlle Ida-R. Sée examine tous ces problèmes, en montre la grandeur et l'utilité sociale. Tout imprégné de sentiments élevés et d'un amour profond pour l'enfance, l'ouvrage dénote chez son auteur une connaissance exacte de la science de l'éducation ; écrit avec âme, il s'adresse surtout aux jeunes filles, aux jeunes femmes, mais ne dédaigne pas de donner quelques sages conseils aux jeunes hommes. Ce Guide du « Devoir Maternel » utile entre tous devrait être lu et médité par toute la jeunesse, pour être ensuite sérieusement appliqué. L'avenir de notre pays dépend en effet de sa mise en pratique; il est grand temps de préparer les mères de demain à bien remplir leur mission. Des moralistes, des hygiénistes plus compétents que nous auraient été mieux qualifiés pour présenter au public l'étude si éclairée et si généreusement sentie d'Ida-R. Sée, néanmoins, nous n'avons pas décliné l'honneur qui nous était offert de donner à cet ouvrage quelques lignes de préface; c'est, qu'en qualité d'avocat des enfants, après avoir étudié plus de vingt mille dossiers de mineurs délinquants ou criminels, nous savons de toute certitude que la criminalité juvénile est presque toujours la conséquence, soit de l'absence d'une mère au foyer familial, soit de son incapacité ou de son indignité; d'autre part nous ne sommes pas moins certains que si nous faisons un peu de bien dans notre vie c'est à notre chère « Maman » que nous en devons l'inspiration.

En vous invitant à lire le Devoir Maternel, nous croyons avoir conscience d'accomplir un devoir patriotique et social.

H. ROLLET,

LE DEVOIR MATERNEL

I

Apprentissage de la Maternité

Les mœurs nouvelles du temps présent en créant des droits nouveaux ont, par suite, révélé des devoirs ; car l'exercice même d'un droit implique l'obligation à un devoir.

Le féminisme qui, non sans quelque outrance, a mis éloquemment en valeur les droits de la femme ne saurait laisser les devoirs dans l'ombre. Si quelques antagonistes de l'émancipation de la pensée et de la conscience féminines ont proclamé que les droits de la femme se dressaient menaçants devant et contre les droits de l'homme, il appartient à tous ceux qui, mettant de côté les tapageuses revendications de quelques amazones, souhaitent une ère d'égalité morale et sociale entre l'homme et la femme, de donner aux devoirs la même valeur qu'aux droits, les uns et les autres s'enchaînent, et nulle femme ne saurait réellement revendiquer un droit sans proclamer en même temps la nécessité du devoir.

De tous les devoirs qui militent en faveur du complet développement de la personnalité féminine, le devoir maternel reste souverainement supérieur. Il résume tous les autres, les ennoblit.

L'éducation que reçoit aujourd'hui la jeune fille élargit l'horizon de la pensée féminine.

Les hypocrites candeurs, les naïves ignorances ont fait place à plus de franchise. D'aucuns s'alarment de cette évolution, mais leur émoi est vain, l'innocence de pensée qu'ils regrettent n'était qu'une apparence ; les rêveries, les demi-confidences, les lectures avaient mis en fuite l'essaim des songes puérils ; la blancheur des imaginations virginales se parait de couleurs plus vives ; à tout prendre, la franchise est préférable. Il ne faut point regretter les oies blanches !

Aujourd'hui, une place plus large est faite à la réalité ; le rêve, endormeur d'énergie, n'apparaît plus aux jeunes filles sous un jour attrayant, on veut moins imaginer, plus volontiers, agir. L'esprit s'évade vers des régions moins abstraites, les jeunes filles s'affirment plus éprises de belles et bonnes réalités que de songes creux et d'illusions.

La raison de cette métamorphose réside dans la meilleure connaissance de la vie ; les études, que presque toutes les jeunes filles poursuivent, déchirent les voiles de la fantasmagorie, les mystères et les mensonges s'envolent au souffle vivifiant de la science ; la conscience s'éclaire. L'origine du monde, la genèse des êtres se dépouillent des légendes poétiques pour s'illuminer de la rigoureuse vérité scientifique ; la vérité sereine et chaste succède aux réticencés et aux énigmes.

En étudiant la botanique, la jeune fille, très sainement, est initiée aux lois naturelles des origines de la vie, le processus de la fécondation des graines, la germination, lui sont révélées dans leur sereine réalité sans altérer en rien la pureté de son âme virginale. Elle sait que des lois semblables régissent à peu près également tous les êtres, la physiologie, la biologie lui montrent les phénomènes naturels qui assurent le fonctionnement des organes. Tout le mystère de la vie lui apparaît dépouillé de l'archaïque mensonge, la lumière pure et radieuse de la science la met à même de comprendre, de juger sainement, de substituer à toutes les chimères trompeuses la réalité noble et chaste.

Pas une jeune fille aujourd'hui ne peut rester étrangère à sa mission essentielle, à son rôle futur de génitrice.

C'est pour pénétrer toute la grandeur, toute la noblesse du devoir maternel que la jeune fille doit s'instruire, développer harmonieusement son être moral et physique, pour être apte à remplir sa mission avec toutes les responsabilités qu'elle crée.

La jeune fille possède plus de liberté et peut manifester librement ses tendances ; sa personnalité s'est affirmée, et si la part a été largement faite à la culture intellectuelle, comment admettre que dans le cycle des études, la puériculture, l'hygiène, l'économie domestique, la science ménagère enfin, soient de si peu d'importance.

Toutes les connaissances nécessaires à la mère que nous voudrions résumer en une sorte d'apprentissage de la maternité semblent accessoires dans les programmes de l'enseignement des jeunes filles.

Aussi bien au lycée qu'à l'école primaire, au collège qu'à l'institution pour jeunes filles « du monde », on fait une part bien petite à cet apprentissage de la maternité !

Dans quelle école de jeunes filles essaie-t-on d'orienter l'esprit des élèves vers l'Enfant ? Où sont les écoles où l'on inspire à la jeune fille — mère de demain — ce culte de l'enfant, ce « baby-worship » comme disent les Anglo-saxons ?

En France, beaucoup de jeunes filles affectent un profond dédain, une glaciale indifférence à l'égard des tout petits ; d'autres, par coquetterie, simulent mièvrement un amour très vif pour les babies, mais les unes et les autres, en réalité, ignorent tout de l'enfant, ne s'y intéressent pas !

Les *intellectuelles*, celles qui s'affirment les plus cultivées, se détournent de l'enfant ; avouerons-nous que nous avons peur de ces jeunes filles, elles nous inquiètent plus que les coquettes, les étourdies, plus même que les ignorantes, les incapables de résoudre une équation !

Les jeunes filles qui dédaignent l'enfant promettent des mères inconscientes, pour qui l'enfant est une charge, que l'on n'a ni voulue, ni souhaitée, qu'on accepte comme pis-aller ! Peut-être même annoncent-elles ces mères stériles qui, dans la bourgeoisie, l'aristocratie, le peuple même parfois à présent, proclament leur droit de se soustraire aux épreuves de la maternité, qui enlaidit, épuise ou condamne à la gêne. La vie n'est-elle pas de jour en jour plus âpre ? Les charges ne deviennent-elles pas écrasantes ?

Ce sont de grandes coupables, ces raisonneuses, ces calculatrices ! Elles avilisent le mariage, profanent l'amour, désagrègent la famille. L'enfant n'est-il pas la fleur de vie qui met la joie même chez les plus pauvres, à la seule condition, que les parents lui puissent donner la santé en partage ?..

Si nous voulons arrêter notre race sur la pente fatale où elle glisse, si nous ne voulons pas nous résigner à la décadence, il faut élever nos filles dans le sentiment de leur tâche supérieure, en vue des maternités futures et les dresser pour cet apprentissage du plus noble métier féminin, le seul qu'on dédaigne un peu aujourd'hui !...

Pourquoi faire la part si étroite à la puériculture, à la science ménagère ? Redoute-t-on d'éveiller ou de réveiller quelque démon endormi au cœur des vierges ?

Paris s'enorgueillit de son « Ecole des Mères » due à l'initiative d'une des plus autorisées parmi les éducatrices de notre temps ; mais où sont les cités qui ont suivi cet exemple ?...

Des pédagogues osent encore affirmer qu'il faut laisser au temps le soin d'instruire la jeune fille des choses de la vie ! Nous dirons : le péril ne vient pas de trop de science, mais d'une vaine science, d'un à peu près dissolvant, de vagues « clartés ». Il faut savoir à fond tout ce qui est nécessaire pour l'intelligence du foyer, la complète direction de la maison, la culture de l'enfant !

La vaine science crée les incomprises, les romanesques, les coupables peut-être, car la fantaisie et le rêve ont perverti plus de fillettes que ne le fera jamais cet apprentissage de la maternité que nous persisterons à proclamer la clef de voûte de l'enseignement destiné aux jeunes filles. Les illusions, les rêves de paradis ont déçu plus d'une au lendemain du mariage et les ont armées en Emma Bovary !... L'enfant seul, l'enfant avec son doux sourire, « sa voix qui veut tout dire » peut seul faire oublier ce que la réalité a de laid, d'étranger aux rêves !

La jeune fille doit étudier l'enfant ; elle doit apprendre à déchiffrer la petite âme neuve, la connaître pour l'aimer, non pas instinctivement, mais avec cet amour fait de sollicitude et de douceur ; comme elle aime les fleurs embaumées, les frondaisons de la forêt, elle aimera cette petite fleur d'humanité qui, un jour, émanera d'elle ; lui fera oublier les souffrances, les abandons, même la perte de sa beauté, l'ensevelissement de sa jeunesse !

« Une mère n'est jamais vieille ! » dit un proverbe arabe : en effet, la mère garde souverainement jeune son cœur tout possédé de tendresse pour ses enfants ; elle ne connaît pas les amertumes de la vie égoïste des vieilles filles, et nous dirons mieux, les vieilles filles maternelles, c'est-à-dire celles qui ont au cœur l'amour des enfants, ne sont jamais ces êtres disgrâciés à l'âme desséchée, qui déverse la lie d'un sentiment avare sur un ridicule perroquet, un roquet hargneux ou un matou pervers, types grotesquement lamentables de créatures déshérités !

L'enfant ne met pas seulement au front des mères une auréole de beauté, il soustrait à la tristesse des solitaires celles que l'inclémence du sort condamne à n'être ni épouses ni mères !

Il suffit d'une petite main d'enfant, d'une petite bouche qui sourit, de deux bras jetés autour du cou pour embellir la moins jolie, pour faire rayonner l'âme de la femme la moins heureuse ! De l'éducation sainement orientée vers l'enfant dépendra pour la jeune fille le bonheur dans le ménage.

Pour donner à cet apprentissage de la maternité une réalisation pratique, nous souhaiterions à côté de chaque école de jeunes filles, une pouponnière.

Là, chaque fillette de quatorze à seize ans apprendrait sous le contrôle de femmes expérimentées, comment on baigne un bébé, comment on l'habille, ce qui est nécessaire à son alimentation, la stérilisation du lait, la façon de peser l'enfant après chaque tétée, quand il est tout petit ; le poids qu'il doit accuser, les diverses modifications que doit subir sa nourriture selon la progression de son poids, les dangers qu'il faut éviter, la tenue du linge, du berceau, de la chambre ; en un mot, tous les soins donnés à l'enfant seraient l'objet d'exercices pratiques, dont bénéficieraient les petits privés de mères, ou confiés à des mains étrangères, par le fait des occupations imposées à la mère.

Cette pouponnière n'exigerait point de frais excessifs, pas plus, en somme, que les créches existantes, la place à faire à l'apprentissage de la maternité dans les programmes serait, croyons-nous, la seule réforme obligée.

Ajouterons-nous pour démontrer la nécessité de cet apprentissage, qu'il ne viendrait à l'idée de personne de nier l'utilité de l'apprentissage pour former une bonne couturière, modiste, lingère, fleuriste, etc... Même on n'admet dans les ménages bourgeois bien tenus que des servantes expérimentées, — le dressage d'une femme de chambre, d'une cuisinière étant odieux à bien des maîtresses de maison — et nul ne s'inquiète — le mari moins qu'un autre, — de l'apprentissage de la mère !!...

C'est parfaitement incapable de soigner son enfant que la mère se voit en face du petit être né d'elle.

La tendresse, l'intention, une vague entente de ce que demande le bébé se peuvent rencontrer chez des mères intelligentes et suppléer à l'ignorance, mais encore ? Combien de jeunes mères avouent ingénument n'avoir pas osé baigner seules leur petit, avoir tremblé de briser les petits membres fragiles, quand il fallait vêtir l'enfant, le devêtir !

— Bah, objectera-t-on, il y a les servantes, les nourrices, les gardes, les grand'mères. Sans doute, mais dans les ménages pauvres ? L'ignorance, la routine, sinon la malpropreté et les usages stupides n'ont-ils pas causé des accidents, parfois la mort même des enfants ? Il y a dès lors mieux à faire que d'instruire les jeunes filles des hauts faits de l'histoire, des splendeurs du grand siècle, il est plus utile de créer enfin un véritable enseignement de la puériculture pour former des mères conscientes.

Les fillettes du peuple ont besoin de cet enseignement, car elles restent l'espoir de la race devant les néfastes calculs de la bourgeoisie, elles deviennent mieux que les jeunes filles de la bourgeoisie des mères courageuses qui savent donner la vie et la gagner au prix d'un inlassable effort, il faut donc qu'elles sachent aussi la maintenir saine et forte.

A côté de la pouponnière, nous voudrions aussi l'ouvroir, comme préparation au métier de mère, comme vestibule de la pouponnière. Ne faut-il pas préparer le trousseau du cher petit attendu ?

Une autre lacune de notre enseignement engendre le dédain de la couture. Il est bien porté pour une jeune fille d'avouer ne pas savoir coudre, comme jadis les gentilhommes avouaient ne pas savoir écrire !... A la requête de quelqu'un qui le priait de lire ou d'écrire, le gentilhomme affirmait : Je ne sais pas écrire... une licenciée ou agrégée peut-être, s'enorgueillira de ne pas savoir coudre, ou conviendra que le dé, fut-il en or, va mal à son doigt !...

— « D'ailleurs coudre est inutile, diront quelques-unes, on achète tout à si bas prix dans les grands magasins. »

Nous savons ce que résume de souffrances, de travail, de peine, ce bon marché de la lingerie, de la broderie, il est le résultat de ce système que les économistes nomment crument système de la sueur !... il est le tourment de l'ouvrière isolée, qui se tue dans le travail à domicile, mal nourrie, mal éclairée, mal payée, proie de la tuberculose ou de la débauche !

L'ouvroir qui complèterait la pouponnière exigerait encore une cuisine, où la préparation des aliments sains, bien choisis, adaptés au budget de l'ouvrier complèteraient cet apprentissage de la maternité d'où dépendent le bonheur de la famille, la santé de l'enfant, l'avenir de la race.

II

Le Métier de mère

Peut-être, il paraîtra excessif de classer le métier de mère parmi ceux auxquels la femme doit le mieux se préparer ; mais nul ne niera qu'il est le seul dont la valeur sociale et économique n'ait pas suivi la progression des autres carrières féminines.

On a vivement incriminé le féminisme de soustraire la femme à sa mission, de peupler l'atelier, le comptoir, le bureau, le laboratoire même au détriment du foyer. Le grief n'est pas fondé.

La femme n'a pas besoin d'abdiquer ses prétentions à une culture supérieure, elle peut les maintenir à condition de les subordonner à son rôle de génitrice.

Si le métier de mère est envisagé dans toute sa valeur, il constitue une équivalence à bien des attributions convoitées par la femme.

Là où la mère a conscience de son rôle, lorsqu'elle *sait* élever ses enfants, la famille est maintenue sur des bases inébranlables.

On accuse notre temps de bien des maux, les contempteurs du présent ont beau jeu devant certaines défaillances; la désorganisation de la famille est un thème que l'on développe souvent après un dîner de choix, dans les milieux où l'on cause encore; et volontiers, on fait à l'éducation nouvelle le grief facile de ruiner le principe d'autorité. Les enfants ne savent plus respecter les parents, le principe d'autorité est aboli, affirment les pessimistes, mais qui donc s'avise de rechercher si les parents savent enseigner l'obéissance ou du moins l'inspirer? Ne faut-il pas le plus souvent faire un grief aux parents des fautes de leurs enfants?

Les enfants sont ce que leurs ascendants les font.

Si les mères approfondissaient la gravité de leur influence, l'importance de leur rôle social, si les pères entendaient mieux leurs responsabilités et concouraient à l'éducation des enfants avec une conscience mieux avertie, une raison plus éclairée, peut-être verrions-nous un moins grand nombre de gamins vicieux et de fillettes perverties !

Que voyons-nous dans le peuple ? Le père ivrogne le plus souvent, la mère bornée ; dans la plus grande majorité des couples, l'enfant grandit comme il peut, il tourne bien, il tourne mal, au petit bonheur !

Dans la bourgeoisie petite ou grande, dans l'aristocratie, les vices pour être revêtus d'élégance, les tares, pour être dissimulées sous le luxe, n'en sont pas moins évidents ; les exigences mondaines, les contingences sociales éloignent de plus en plus les enfants des parents. Chacun a sa vie.

L'enfant pauvre voit ses parents aux prises avec la misère, apprend à l'école ce qui est bien pour en voir la contradiction à la maison ; l'enfant riche s'accoutume dès le berceau, aux mensonges conventionnels du monde, il doit taire ses impressions vraies, *être bien élevé*, c'est-à-dire paraître ne faire que ce qu'on lui ordonne ; discipliner sa petite personnalité à la la duplicité, aux bienséances, aux feintes. Ne lui dira-t-on pas que l'éducation consiste à faire avec plaisir ce qui l'ennuie ?

Il apprendra vite à se mettre un masque, à feindre le contraire de ce qu'il souhaite, à dissimuler son vrai « moi ». Gamins et fillettes dès la dixième année, deviendront de petits comparses dont le bon renom dépendra de leur souplesse à jouer leur rôle de petites marionnettes bien stylées.

Entre eux, à l'école, parfois en jouant, le masque tombera, ils deviendront eux-mêmes, mais bien vite, une semonce, un rappel à l'ordre chasseront le naturel, remettront le masque en place ; car l'école est comme la maison, on y fait la guerre à la personnalité sincère ; il faut y être « bien élevé ».

De toutes ces contraintes résultent une éducation faussée, qui est la plus fâcheuse conséquence de la mauvaise entente du devoir maternel.

Quand nous affirmons que le métier de mère n'exige pas seulement des connaissances pratiques, mais encore des vertus solides et des qualités intellectuelles, nous avons l'air de cultiver le paradoxe ; mais à voir avec quelle inconscience, quelle ignorance absolue, la femme se prépare à être mère, notre pitié va vers l'Enfant, à qui le couple humain transmet la vie sans s'inquiéter des moyens qui la rendent précieuse et utile !

Le métier de mère exige plus d'efforts, plus de volonté, plus de science que nul autre ; c'est pourquoi le problème se pose si complexe aujourd'hui.

Comment la femme contrainte d'exercer une profession, de travailler à la conquête du pain, pourra-t-elle se consacrer à cette œuvre absorbante de l'éducation, de l'*élevage* des enfants ? Où trouvera-t-elle le temps de les nourrir, de les soigner, de les surveiller si l'atelier, le comptoir, l'usine la réclament ? Tous les sociologues ont reconnu que la femme a droit à des heures de liberté pour vaquer aux soins du ménage, nous n'osons affirmer qu'elle se *doit* toute à son foyer, devant les nécessités de la vie présente ; pourtant ?........

Le sort de l'enfant, le bonheur de la famille dépendent bien plus de la présence continue de la femme au foyer, que du gain produit par son labeur au dehors ; c'est un fait évident ; cependant le produit du travail de la femme est un appoint nécessaire bien souvent pour nourrir la nichée, l'homme escompte trop cette contribution ; sans parler des veuves, des abandonnées, des trahies qui assument au prix d'un effort héroïque la lourde responsabilité d'élever des enfants ; pour ces dernières, le travail s'impose et l'enfant plus que jamais est victime de cette dure nécessité.

Il est difficile de revenir à l'antique conception du mariage : l'homme assumant à lui seul la charge du ménage, ce qui est possible dans les classes dirigeantes, grâce à la dot de la femme, devient impossible dans le peuple ou même dans la petite bourgeoisie, le métier de mère n'est qu'un accessoire improductif ; la femme lui préfère le métier « qui rapporte » et la question semble insoluble, tant que la valeur sociale, économique du métier de mère ne sera pas reconnue ; nous le disons plus haut, la femme doit mettre toutes ses qualités, toute sa conscience, tout son savoir à son rôle de mère.

Lorsqu'elle accepte le mari, il faut qu'elle abdique la prétention de pourvoir seule à ses besoins, et le mari a le devoir d'assurer la sécurité matérielle de la famille ; hors de là, l'enfant est sacrifié !

Si nous cherchons des exemples concrets, nous verrons bien que la nature nous enseigne le rôle du père et de la mère d'une façon très nette. Le mâle pourvoit aux besoins de la femelle, lui apporte la proie qui la nourrira ; elle la distribue aux petits, s'en repait, se voue à la nourriture des jeunes.

Dans le couple humain, rien ne saurait prévaloir sur le patient et minutieux travail de la mère pour l'enfant. Épouse légitime ou compagne libre, la mère se doit à son enfant ; pendant la gestation, elle lui doit l'économie de ses forces, le maintien de sa santé ; après la naissance, il exige des soins constants.

Vers la troisième ou la quatrième année, l'école suppléera bien à la mère pendant quelques heures, mais pour le meilleur Devenir des petits, c'est la mère qui devra donner cette éducation des sens du caractère, de la volonté, du cœur que nous jugeons si négligée, si mal comprise.

La maternité doit être non plus une fonction accessoire, à laquelle la femme se résigne sans y être préparée ; mais un sacerdoce, auquel elle se consacrera entière.

Pour l'ouvrière et l'artisane, l'enfant est une charge nouvelle qu'elles n'ont ni désirée, ni souhaitée, qu'elles acceptent parce qu'il est difficile de faire autrement, mais combien d'entre-elles n'ont aucune idée du devoir maternel.

A considérer le sort des prolétaires, les fléaux sociaux qui rongent la race, les dégénérescences de toutes sortes, il est vrai qu'on peut admettre les théories qui restreignent la natalité ; mais c'est faire œuvre plus haute de rappeler à la femme, son devoir de mère ; à l'homme, de reconnaître son rôle de soutien de la famille. A côté des calculs égoïstes, des craintes de la responsabilité, l'ignorance des mères, l'incompréhension du devoir maternel, du métier de mère contribuent pour une trop large part à cette nouvelle plaie sociale : la dépopulation.

La nécessité de travailler ne suffit pas à expliquer seule le mal, car il faut reconnaître que ce ne sont pas les ouvrières, les prolétaires qui échappent le plus aux charges de la maternité. Des raisons moins avouables guident les heureuses, les fortunées, à qui les exigences mondaines imposent un bien plus pesant esclavage que le labeur.

Pour celles-ci, le Devoir maternel se résume en une exaltation de la vanité ; l'enfant n'est plus qu'un joyau ajouté à la parure, il sert à l'ornement de la mère, sacrifié encore à l'incompréhension du Devoir maternel.

III

L'éducation physique

Le devoir maternel exige de la mère un inlassable dévouement ; il est bien évident que la femme qui le saura remplir en toute conscience contribuera à donner une race meilleure, plus forte, plus saine tant au moral qu'au physique.

Si ce devoir, comme tous les autres d'ailleurs, implique l'idée de sacrifice, ce sacrifice consenti par la mère pour le Bien de l'enfant, ne saurait être stérile ; il sera largement payé par les joies que donne la famille heureuse.

Dès le premier souffle de l'enfant, la mère observera, surveillera tous les ressorts de cette adorable petite machine de chair, de sang, d'os et de nerfs, qui constitue le corps de l'enfant. Elle substituera à la routine d'autrefois tous les moyens que l'hygiène a mis à la disposition de tous pour se préserver des maladies, c'est surtout des premières habitudes que dépend la santé.

Il est rare que l'école puisse donner à l'enfant les habitudes de propreté physique qui sont l'essence même de la santé. C'est la mère qui doit discipliner le corps à l'usage quotidien du bain ou du lavage complet du corps.

Il ne faut pas oublier que le plus utile instrument de travail est un corps robuste ; le capital essentiel que les parents ont le devoir strict d'assurer à leurs enfants, c'est la santé. Nous l'oublions trop souvent !

Il est nécessaire de mieux comprendre et de respecter absolument ce droit de l'enfant à naître sain.

Les lois de l'hérédité ne sont pas assez mises en lumière, on traite bien souvent à la légère les tares héréditaires, quand il s'agit du mariage.

Dans le peuple, nul n'y songe ; n'y a-t-il pas en ce sens toute une éducation à faire ?

Il n'appartient plus à aucun homme, à aucune femme de négliger la part de l'atavisme dans les considérations du mariage ; la santé physique, d'où résulte le plus souvent la santé morale, doit primer toutes les raisons pour ou contre le mariage.

Le ralentissement de la natalité, les dégénérescences, la débilité sous toutes ses formes, les névroses, les infirmités ne sont-elles les désastreuses conséquences de cette indifférence coupable, avec laquelle on néglige de rechercher les tares héréditaires ? Chaque jour des tuberculeux, des dégénérés de tous ordres, des syphilitiques

même se marient et infligent de gaîté de cœur
une vie amoindrie, misérable à des innocents,
qu'ils condamnent à la pire des disgrâces. La
richesse peut atténuer les tares, par des soins
éclairés, mais c'est encore une très faible catégo-
rie d'élus, tandis que la masse insoucieuse du
devoir, sème la vie sans songer à la terrible responsabilité encourue. Faut-il souhaiter impru-
demment un plus grand nombre de naissances,
si dans le nombre, les débiles, les tarés l'empor-
tent ? Sans doute, il est plus rationnel d'imposer
une plus sage conception du devoir social ; et ce
n'est pas restreindre la liberté individuelle que
d'exiger de chaque couple moins d'insouciance
et de légèreté dans ce respect des droits de l'enfant à la santé. Il n'est pas donné à chaque
ménage de mettre une fortune dans le berceau
de chaque enfant, du moins que chacun songe à
y assurer la santé !

Les classes privilégiées ont réalisé un immense progrès, l'hygiène du logis, de l'alimentation, l'usage quotidien du bain contrebalan-
cent le dommage fait par les excès, les plaisirs
mondains, source de neurasthénies ou de débi-
lités élégantes et *bien portées*. Mais ailleurs ?

Le peuple, la bourgeoisie en est encore aux
plus blâmables pratiques de la routine. Là tout
est à faire pour enseigner les soins du corps.

Les hommes qui reçoivent à la caserne, une vraie éducation physique sont moins déshérités que les femmes qui, elles, ignorent tout de l'hygiène presque partout.

Comment demander à des femmes ignorantes de toute hygiène individuelle de soigner intelligemment et sainement leurs petits ?

Cette ignorance qui, dans certaines provinces de France, atteint à l'invraisemblance, exige tout un enseignement nouveau. L'hygiène comme la science ménagère, doit être enseignée à l'école plus sérieusement ; il est bien plus utile que la jeune fille sache tout ce qui constitue la tenue de la maison, les soins à donner à l'enfant, la cuisine, la couture, le lavage, etc. que la musique ou le chant, l'anglais ou l'allemand. Laissons cet enseignement professionnel à celles qui le peuvent choisir, mais généralisons l'apprentissage de la maternité. Toute femme doit souhaiter d'être mère et l'inclémence du sort seule la condamne à être ouvrière, comptable, professeur, docteur ou avocat ! Toute une organisation nouvelle est à établir : consultations de nourrissons, gouttes de lait, bains et douches populaires, maisons hygiéniques, jardins ouvriers, en un mot, il faut donner à la famille, les moyens matériels de se développer sainement.

L'œuvre est immense, mais le péril que court la race ne l'exige-t-il pas?

Le progrès s'affirme en quelques régions de la France. Dans les grands centres industriels du Nord et de l'Est, des progrès ont été réalisés. Le bain-douche a été établi tout près des ateliers et des usines. Mieux encore des livrets ont été distribués aux mères qui allaient se faire soigner dans les dispensaires et les consultations obstétricales.

Ces livrets portent en termes simples des indications précises sur les soins à donner aux tout petits sur le mode de balnéation, sur l'alimentation, elles font de la propreté du corps et du linge, une absolue nécessité pour le maintien de la santé de l'enfant.

Ne pourrait-on pas généraliser l'usage de ces livrets? Les donner à la mairie à chaque couple ne constituerait pas une dépense excessive?

Dans des milliers de familles, au village, au champ, le corps de l'enfant est moins soigné que celui des animaux domestiques; quant à son cerveau, son esprit parfois avide de savoir, nul n'en a cure jusqu'à ce que l'école ouvre ses portes au petit être.

Quelle inégalité cruelle entre l'enfant riche, choyé, dorlotté, gâté même parfois, à force de soins et l'enfant pauvre abandonné à tous les hasards de l'ignorance, du vice, de la misère !

On accomplit des miracles de prévoyance, de sollicitude en faveur des adultes infirmes, des déments, des vieillards assez caducs pour la tombe, et on abandonne l'enfance, l'espoir de demain à l'imprévoyance, sinon aux vices des parents !

Nous sacrifions le passé qui est mort au présent qui veut vivre et agir, n'est-ce pas une erreur ? L'enfant mérite plus de part dans cet essor de l'assistance, il réclame une meilleure entente de ses droits : droits à la vie saine, droits à l'éducation intégrale du corps et de l'âme !

L'éducation physique que nous résumons pour la majorité des enfants en quelques exercices de gymnastique, doit être faite non seulement à l'école, mais à la maison.

Le corps lavé, frictionné chaque jour a besoin d'un vêtement propre, se prêtant bien au jeu des membres. Point de gêne, de constriction au cou, au ventre, aux jambes ; le corset déforme plus de fillettes qu'on ne croit et le col serré engendre plus de maux de gorge que ne le pensent les mères, qui ont le culte du foulard ou du « tour de cou ! »

Le vêtement n'exige ni ce faux luxe odieux ni

cette servitude, il doit être souple, propre et simple en toute saison.

L'alimentation destinée à réparer l'usure des tissus, est presque toujours ou insuffisante ou de médiocre qualité ou trop abondante.

Qu'on ne sourie pas ; même dans le peuple, on trouve des mères qui gavent leurs petits : lourdes panades, pain trempé dans du vin, biscuit de mauvaises qualités, pâtisseries indigestes, pommes de terre, tout cela s'ingère mais ne se digère pas toujours, et le pauvre petit bouffi et blême n'échappe pas à l'entérite !...

L'ignorance des mères est la grande coupable !

Jadis, lorsque la vie était moins précieuse, on pouvait moins tenir compte de ces accidents, L'enfant n'était pas tellement la victime innocente des fléaux sociaux, ni l'alcoolisme, ni la débauche n'avaient accompli leur néfaste besogne, on naissait plus robuste, et le *déchet humain* pouvait être négligé. Aujourd'hui on meurt moins, c'est vrai, mais on prolonge seulement une vie amoindrie, et la race s'épuise ! La vie large, féconde doit reprendre glorieusement ses droits et ses prérogatives, la femme doit être la vigilante gardienne de la santé, elle doit ne rien abandonner au hasard dans la culture de l'enfant. Le foyer est son empire, qu'elle y règne en souveraine avertie, sage et prévoyante, que toute sa science converge vers le but suprême : élever des enfants sains d'âme et de corps !

Faut-il pour exercer cette puissance souveraine être la créature bornée et inculte, qu'on s'imagine volontiers en opposant la ménagère à l'intellectuelle ? Certes non !

Le pot au feu que nous avons détrôné, se venge, en nous montrant la famille désorganisée. Un maître des plus autorisés dans la science médicale, affirme qu'il faut réhabiliter la soupe !

La soupe « cuite à petit feu » comme disaient nos aïeules, est devenue un mythe. Dans les ménages d'humble condition, chez l'ouvrier, chez le paysan même on y substitue tout autre nourriture, moins bonne à l'estomac mais plus flatteuse pour le goût ; et d'ailleurs plus rapidement apprêtée. L'obligation qui est faite à la femme de travailler au dehors, a interdit la soupe ! Et de la soupe, peut-être, dépend le bonheur de la famille...

L'homme déserte son foyer au profit du cabaret, parce que la femme ne sait plus lui servir le mets savoureux, longuement surveillé, fait avec soin pour lui ! Il cherche la fallacieuse consolation de l'alcool pour atténuer les méfaits des charcuteries nocives, des viandes creuses du restaurant vulgaire, et le péril devient multiple, nouveau protée, qui désorganise et ruine ! Le travail féminin, qui est devenue la plus cruelle nécessité du temps présent, est certainement le coupable dans cette crise de la famille ; et le remède semble bien incertain !

L'enfant, le premier, souffre de l'obligation faite à la femme de travailler au dehors ; et il ne semble pas possible de ramener au foyer la femme ouvrière ; du moins qu'elle puisse trouver à l'école les soins qu'elle ne peut donner à ses enfants ; et que l'atelier, l'usine fasse dans la journée de labeur la part plus large aux soins ménagers. Plus que l'homme, la femme a droit à une journée de travail moins longue, puisqu'un nouveau labeur l'attend au logis ! Il ne s'agit pas pour elle des :

Huit heures de travail ;
Huit heures de plaisir ;
Huit heures de repos !

Le foyer, les enfants absorbent la part du plaisir, souvent celle du repos !

Pour le bien de la race, la femme se devrait à la famille ; c'est évident, le temps présent ne le veut plus !

Comment atténuer la rigueur de ce fait ?

Sans doute l'école peut suppléer le foyer.

L'école maternelle d'abord devrait être moins une école qu'un foyer modèle, un jardin, où petite plante de chair et d'os, l'enfant trouverait l'espace, la lumière, le bon soleil qui manquent au logis du pauvre. Là nous voudrions, non pas les savantes maîtresses, riches en diplômes, mais des éducatrices maternelles sans être mères chez qui le cœur suppléerait aux encyclopédiques connaissances, que l'école si supérieure soit-elle, ne peut rendre capables de faire aimer les tout petits. Pour quelques-unes de ces institutrices de la « maternelle » l'enfant n'est-il pas un petit tyran, leur *tourmenteur* qui ne les comprend pas et qu'elles ne comprennent pas mieux !

L'enfant devant cette *maîtresse* qui sait très peu de chose de lui, qui ne cherche pas à découvrir la petite âme enfantine, qui ne sait pas y lire, reste un élève ! Elève de trois ans, à qui on impose le fardeau du livre sans s'inquiéter de ses tendances, de ses aptitudes ; et qui boude le plus souvent à sa mince besogne d'écolier, et apprend le mépris du devoir, la négligence, pour ne l'oublier jamaisplus, bien souvent !

Pourquoi l'école maternelle n'imite-t-elle pas le jardin d'enfants des Anglo-Saxons, avec ses éducatrices « jardinières d'enfants » selon la jolie appellation allemande, qui, avant tout, voudront faire à tous ces gamins à toutes ses gamines une âme saine dans un corps sain !

L'école deviendrait ainsi l'école heureuse où des femmes, des jeunes filles pratiqueraient par suppléance le devoir maternel. Elles aimeraient avant tout l'enfant qui ne serait plus l'*écolier*, mais le *petit*. Il apprendrait à se servir habilement de ses membres. à regarder les choses, à jouir des fleurs, des arbres, à observer la terre, les oiseaux, les insectes, les animaux domestiques.

Les jeux seraient disposés comme des exercices, où l'harmonie des gestes et la grâce des mouvements seraient enseignés.

Des rondes, des danses, des pas rythmés des chants où les tout petits conduits par des camarades un peu plus grands, apprendraient à se mouvoir, à marcher avec aisance ; l'éducation physique pourrait s'adresser à l'intelligence par le rythme de la musique.

Des exercices de gymnastique suédoise faits en cadence au son d'une musique simple, contribueraient à donner à l'enfant cette souplesse, cette grâce des mouvements, qui sont un charme ; le rythme n'est-il pas conforme à la tendance naturelle de l'enfant qui veut gazouiller et chanter avant de savoir parler ; sauter et danser avant de savoir marcher ?

Les premiers pas, les premiers mots accompagnés d'un peu d'harmonie au rythme très doux donneraient à cette première éducation physique une valeur morale, l'enfant y trouverait la joie, cet élément de force. Pourquoi ne l'habituerait-on pas à la marche en musique avec quelque chant aux paroles simples ?

Devant chaque école une place ne pourrait-elle pas servir à ces exercices en musique pour la joie des yeux et l'harmonie des mouvements ?

L'enfant devrait trouver à l'école maternelle non pas les livres, les ardoises, les crayons et les plumes, mais la mère suppléante qui disciplinerait son petit corps, lui enseignerait à voir, à entendre, à toucher, à sentir, à s'asseoir, à marcher, à se tenir droit, à se servir adroitement de ses mains, de ses pieds.

Des objets simples, des fleurs, des modelages d'oiseaux, de fleurs, d'animaux, des meubles faits à sa taille, des jardins, de l'espace constitueraient un cadre propice à l'éducation de ses sens et lui feraient une âme de joie. La vie irait à la vie ; et la petite âme s'ouvrirait à tout ce qui est bon et bien !

Pourquoi faut-il que tout ce que nous rêvons-là ne soit encore qu'une aspiration chimérique vers une ère lointaine, où l'enfant sera non plus le tyran de la famille ou son fardeau, mais sa joie et sa gloire !

IV

L'Education des Sens

Les travaux récents des psychologues nous ont révélé toute une science nouvelle que les mères ont le plus grand intérêt à connaître. Nous voulons parler de la pédologie, cette forme neuve de la pédagogie.

La mère n'accomplira avec conscience son devoir, que si elle s'attache à développer chez l'enfant toutes les facultés, qui le pourront aider à profiter de l'enseignement de l'école, c'est pourquoi après les soins donnés au corps, après l'éducation physique, ou concurremment, la mère devra faire l'éducation des sens, l'éducation de la volonté, l'éducation du caractère, l'éducation du cœur.

Le nombre des enfants dont les organes de la vue, de l'ouïe, de l'odorat sont atteints de malformations, d'anomalies, de lésions sont, disent les médecins, fort nombreux.

Il est certain qu'à moins de lésions graves bien des malformations passent inaperçues. La mère ne sait pas observer ; elle se borne le plus souvent, à faire une toilette sommaire, à l'enfant qui, peu habitué à la caresse de l'eau, se débat, crie et regimbe devant un examen minutieux de ses yeux, de ses oreilles, de ses dents.

Que de fois les yeux sont rouges, chassieux. Bah ! ce n'est rien ! Le nez coule... Un coup de mouchoir, parfois une taloche, et en avant !...

— Mouche-toi donc ! on te le dit cent fois, criera la mère. L'enfant sera moriginé mais non soigné.

A-t-il la bouche souvent ouverte, ronfle-t-il en dormant, même procédé. On crie, on gratifie le pauvret d'une claque, mais la mère n'a cure des végétations adénoïdes qui sont en cause ; et l'enfant pâtit jusqu'à ce que l'inspection médicale — quand elle existe — remédie à l'infirmité.

L'oreille n'est pas mieux partagée. Elle peut être obstruée de secrétions anormales, l'enfant entend quelquefois difficilement, on ne s'en aperçoit bien souvent, que lorsqu'il est vraiment sourd.

Le toucher exige aussi un dressage patient ; chaque sens demande une éducation spéciale qui, avouons-le, est encore abandonnée au hasard.

Plus que tous les autres sens c'est celui de la vue qui réclame la plus grande vigilance. Nous avons trop de petits infirmes, trop d'aveugles qu'une intervention sérieuse de l'oculiste aurait sauvés, si elle avait été tentée à temps. Il y a très peu de temps que des spécialistes autorisés ont organisé l'inspection oculaire des écoliers ; c'est l'inspection médicale complète que nous souhaitons pour aider la vigilance des mères, mise en éveil par une meilleure entente de leur devoir.

La plus petite tare doit être dépistée et prévenue par les soins maternels.

L'œil du bébé ne doit pas être exposé à la trop vive clarté, le berceau ne doit ni être en pleine lumière, ni dans l'obscurité complète ; les yeux doivent recevoir une lumière égale, et le sommeil sera meilleur dans la chambre sans veilleuse qui fume ou lampe abaissée qui fume encore davantage.

Un chapeau à larges bords sera une bonne coiffure pour le jeu en plein air ; et la casquette à visière sera non moins favorable pour protéger les yeux de la reverbération.

L'habitude d'écrire en se penchant doit être abandonnée, car on sait qu'elle cause la myopie, au moins autant que la mauvaise impression des livres, le mauvais éclairage des salles d'école.

La mère exercera l'œil de l'enfant à discerner les couleurs.

On croit communément que l'enfant voit toujours les couleurs comme elles sont ; par exemple, si on présente à l'enfant divers morceaux d'étoffe, rouge, bleu, vert, jaune, orangé, violet, pourpre, marron, gris, il se peut qu'il voie mal les teintes ; ne sachant pas différencier le violet du pourpre, le jaune de l'orangé ; il dira rouge, indifféremment rouge, pour le rouge, le pourpre, l'orangé.

La différenciation des teintes lui échappe par défaut d'attention. Il faut y veiller, faire exercer l'enfant à reconnaître les teintes, les nuances, de même pour les formes diverses. L'enfant reconnaîtra les carrés, les cubes, les cercles, les sphères, les losanges, les ovales, etc., grâce à des exercices répétés.

Le goût sera aussi l'objet d'une éducation spéciale. Il faut accoutumer l'enfant aux diverses saveurs, les lui faire distinguer, apprécier, analyser, osons-nous dire, par lui-même.

L'enfant doit, pour ne pas gâter la finesse du sens du goût, s'abstenir de mets épicés, de boissons acides ou trop sucrées ; les papilles nerveuses de la langue s'émoussent facilement ; et le goût se pervertit.

Si l'enfant montre une répulsion marquée pour quelque aliment, il faut se garder de le contraindre à y goûter ; presque toujours cette répulsion marque un moyen de défense de l'organisme contre un aliment qui ne lui convient pas. L'enfant toujours fidèle à l'instinct de conservation repousse naturellement ce qui peut lui nuire. Il est fort rare qu'un enfant garde dans la bouche un objet dont le goût amer ou piquant lui déplaît, et une fois averti par cette sensation désagréable, il ne récidive pas.

Ce n'est pas en vain qu'on badigeonne d'une solution concentrée de quassia amara ou d'aloès les doigts des enfants atteint de la manie de ronger leurs ongles ; l'amertume de la saveur qu'ils trouvent, guérit presque immanquablement de cette manie.

L'odorat s'affine ou se pervertit sans une éducation adaptée.

La mère ne se contentera pas de prendre le nez du petit et de dire : « Souffle ! » Mauvais moyen qui ne nettoie pas les fosses nasales, mais elle fera, à la toilette du matin et du soir, un lavage du nez à l'eau tiède, elle habituera l'enfant à appuyer tour à tour sur chaque narine et à souffler fortement dans le mouchoir, pour assurer la propreté parfaite des narines, et respirer largement par le nez en fermant la bouche pour aérer les poumons sans y introduire l'air froid ou chargé de poussière.

L'odorat ne contribue pas seulement à percevoir les odeurs, il concourt au bon fonctionnement de la respiration, les fosses nasales obstruées causent parfois de la lenteur et de la paresse intellectuelles.

Des exercices également s'adressent à la perfection du toucher.

Les enfants apprendront à distinguer le bois, le marbre, le fer, le plomb, le verre, la laine, la soie, le coton, etc.

Ce sera sous forme de jeux que ces exercices se feront, on choisira pour les fillettes des morceaux de tissu de soie, de fil, de coton, de laine ; celle qui distinguera le mieux le tissu le gardera en vue d'un vêtement à confectionner pour la poupée. Ainsi en se jouant, l'enfant acquerra des connaissances pratiques, sans peine ; ce qui pour lui est un grand point, car il reste invariablement fidèle à la loi du moindre effort.

La dextérité résultera de cette éducation du toucher, et ce sera aussi bien pour les garçons que pour les fillettes un précieux avantage car de l'adresse des mains dépend le plus ou moins d'habileté dans l'exercice du métier.

La main a son intelligence ; des physiologistes ont voulu trouver un certain rapport entre la main et le cerveau.

Il y a des mains qui révèlent l'astuce, la délicatesse, la vulgarité, la finesse, les doigts aux ongles trop bombés décèlent un organisme malsain, les ongles carrés sont un indice de force.

La mère voudra donner aux mains de ses enfants la meilleure physionomie, le meilleur indice de leur « moi » moral. Elle enseignera quel merveilleux outil, ils possèdent en une main propre, adroite, aux ongles soignés.

Qu'ils exercent également les deux mains, car c'est un vice d'éducation de condamner la main gauche à la *gaucherie*. L'enfant sera dressé à se servir également des deux mains, grâce à des exercices uniformes; une pratique sage le rendra facilement ambidextre.

L'éducation de la main ne sera pas complète sans les conseils de propreté; d'ailleurs le sens du toucher est lié à l'usage du bain, par défaut de propreté, la peau devient dure, rugueuse, les impuretés, les poussières s'amoncellent sur la peau, obstruent les pores, entravent la respiration, et altèrent le teint qui perd son éclat et ce grain satiné de la peau qui décèle la santé.

L'oreille peut s'altérer par le bruit trop accentué. L'enfant ne doit pas être éveillé brusquement en frappant des mains, en criant; son oreille s'accoutumerait à des sons aigus et deviendrait dure. Ne nous a-t-on pas enseigné que jadis un pédagogue averti souhaitait que son fils fût éveillé aux sons des flûtes, pour que l'ouïe restât subtile et sensible à l'harmonie. Les bruits, les cris discordants, le tapage, tout ce qui peut blesser le sens délicat de l'enfant sera soigneusement évité.

On sait que l'enfant normal doit pouvoir entendre exactement le tic-tac d'une montre à trente centimètres de distance ; si après quelques épreuves : appel, tintement de clochette, etc., il laisse deviner quelque difficulté à percevoir les sons, la mère recourra à l'examen d'un auriste.

Il n'est plus permis de négliger ces petites tares parfaitement curables, si on s'adresse à temps à un spécialiste. Il y a presque partout dans les villes, des consultations gratuites dans les hôpitaux, il est nécessaire que les mères y aient recours plusieurs fois, pendant l'éducation de la petite enfance.

Beaucoup d'écoliers ont l'oreille dure, ils n'osent l'avouer, ne s'en rendent peut-être pas même compte, souvent des otites graves se déclarent qu'on eut pu prévenir par un peu plus de vigilance et de soins.

La mère a le devoir strict de veiller aux moindres détails quand il s'agit de la santé de l'enfant ; rien ne doit être négligé dans l'examen quotidien, minutieux de cette précieuse petite machine qui constitue un organisme d'enfant.

Aussi bien pour l'ouïe que pour la vue ou le

toucher, des exercices pratiques peuvent amener la mère à constater le bon ou le mauvais fonctionnement des organes.

En se promenant, en jouant, la mère attentive demandera à l'enfant de quel côté par exemple, vient le bruit qu'il entend. Sont-ce des pas d'homme, de cheval, de bœuf ? Le bruit d'une voiture, d'une charrette, d'un tramway, un trot, un galop? L'enfant apprendra à distinguer chaque son, leur qualité, leur nature, leur intensité avant d'avoir aucune idée de l'acoustique.

De la sorte, il sera aisé de s'assurer si l'enfant perçoit exactement le bruit, les sons divers, s'il les différencie correctement, s'il possède enfin une oreille normale.

Si l'on songe que toute cette éducation des sens que nous ne faisons qu'indiquer rapidement reste abandonnée au hasard, que l'école maternelle fait très peu en ce sens, et que la majorité des mères n'a cure de soumettre l'enfant à de tels exercices, on ne s'étonnera pas que mille petites infirmités puissent atteindre l'enfant et attenter à l'intégrité de son être physique.

Que l'on ne s'étonne plus si nous affirmons que le métier de mère exige le plus absolu concours de toutes les facultés d'observation, de tact, d'intelligence, même un sens subtil de divination et de prévoyance, qui seuls, permettront de ne rien abandonner au hasard dans la formation du corps et de l'âme de l'enfant.

Etre mère, ce n'est plus infliger la vie sans le vouloir, ni le savoir, c'est *créer* au sens absolu, c'est vouloir transmettre la plus large part de bien-être, de vertu, de bonté, de santé, de force et de beauté, pour affirmer cette marche en avant, qui ne saurait viser seulement les progrès matériels, mais qui exige pour lutter à armes égales avec nos voisins, une race régénérée, vigoureuse et forte. C'est ce but que se propose la mère consciente de son devoir ; elle sait qu'une lourde responsabilité pèse sur elle dans ce travail de perfectibilité de l'espèce, mais aussi que des joies ineffables résultent de l'accomplissement de ce devoir.

L'homme qui sème la vie ne peut pas moins échapper à ses responsabilités, il ne saurait, il est vrai suppléer la mère dans ce patient travail de l'éducation, du moins, que dès les premiers jours de l'adolescence, il sache maintenir intacte sa santé physique pour transmettre à ses fils ce bien inappréciable : un corps robuste. Dans une morale plus pure, dans un respect souverain de la femme, l'homme peut sauver la famille que les vices paternels désorganisent tout autant que l'ignorance des mères.

V

L'Education du caractère

Si nous cherchons à définir le caractère, d'après les maîtres contemporains de la psychologie nous dirons avec Paulhan :

« Le caractère d'une personne est ce qui la *caractérise*, ce qui fait qu'elle est elle-même et non une autre. »

Malapert s'exprime ainsi :

« Le caractère est la marque distinctive de l'individu. »

Fouillée s'inspirant de l'école Kantienne nous dit :

« Le caractère, marque propre de l'individu est la manière relativement une et constante de penser, d'agir, de sentir ».

Ribot définit le caractère d'après la fin idéale qu'il doit réaliser, et veut y voir la stabilité et et l'unité.

Pourrons-nous maintenir ces définitions quand il s'agit de l'enfant ?

L'enfant a-t-il un caractère ?

Il a plutôt nous semble-t-il un ensemble de tendances, de penchants qu'il appartient à l'éducation de coordonner en un tout parfait.

Certains traits de caractère sont communs à tous les enfants, certains autres sont particuliers selon le milieu, la famille, etc.

Nous constaterons que l'égoïsme et la versatilité, la mobilité des impressions sont des traits communs à tous les enfants.

Tandis que l'homme cherche à affirmer son « moi social », l'enfant cherche à affirmer son « moi individuel » nous dit Paola Lombroso. (1)

L'égoïsme est inné chez les enfants, il constitue le fonds même de sa petite personnalité et l'on peut dire que ces deux éléments, versatilité et égoïsme, s'accusent chez tous les enfants.

Faut-il croire les moralistes du grand siècle et affirmer que l'enfant est sans pitié, menteur, lâche et poltron? Sans doute, s'il est issu de parents atteints de ces tares morales, il y a des chances pour qu'il en ait quelques-unes en partage.

La Fontaine et la Bruyère concluent peut-être bien du particulier au général.

Les enfants échappent rarement aux lois de l'hérédité, les influences ancestrales se retrouvent au moral et au physique, nous l'oublions souvent.

Puisqu'il est admis d'en faire état pour les qualités heureuses, résignons-nous à admettre les défauts héréditaires.

(1) *La vita dei bambini.* — Trèves, éditeurs, Milan.

Nous constaterons donc chez l'enfant un caractère général et un caractère particulier, constitués par un ensemble de tendances.

Dans une seule famille même, les enfants diffèrent totalement, l'un sera docile, réfléchi, appliqué, patient et doux, l'autre brusque, violent, irréfléchi, rebelle.

Faudra-t-il donner à ces deux enfants une éducation uniforme ?

Assurément non.

Que penser en ce sens de l'école où l'on s'efforce de soumettre à la même discipline, d'appliquer les mêmes règles à tous sans s'inquiéter de la diversité des caractères !

Un pédagogue belge (1) affirme qu'il faudrait pour le bien de l'enfant l'*Ecole sur mesure*. Est-ce possible ? Nous ne le pensons pas. Il faut donc accepter l'école pour le « troupeau » comme nous l'avons et réserver à la mère l'éducation du caractère qui ne trouvera à l'école qu'une direction complémentaire des tendances ; l'essentiel est que les deux concordent, sinon la conscience de l'enfant s'égare entre les deux courants.

Le caractère se révèle, dès les premières années. L'enfant sain, normal doit être gai, vif,

____

(1) D' Georges Roma, Directeur de l'Ecole Normale de Charleroi.

ardent au jeu, peut-être brusque et tapageur, les mères savent bien, même les moins averties que lorsque l'enfant est triste, *tranquille* il souffre.

Par une simple manifestation de l'instinct de conservation, l'enfant recherche les sensations agréables, il sait le pouvoir dynamogène de la joie, donc, s'il est taciturne, mélancolique, il y a bien des chances pour que son organisme soit atteint ; cette tendance à la tristesse est un avertissement fidèle pour indiquer un malaise, le début d'une maladie. Les mères ne s'y trompent guère.

Un enfant d'ordinaire soucieux, apathique est presque toujours un petit débile, un lymphatique, peut-être un vrai malade, en ce cas le médecin sera consulté.

Dans l'excès contraire, si l'enfant est exagèrement remuant, violent, fantasque, capricieux, il se peut qu'une tare nerveuse soit en cause. Ce n'est pas un mystère pour les médecins de voir dans ces enfants violents, emportés de petits déments, qui, tristement, proclament l'alcoolisme des parents ; parfois même les cruels ravages de l'avarie.

Dans cette occurrence, l'enfant exige une éducation spéciale. Il ne saurait être élevé avec des petits camarades sains ; la sélection qui s'opère aujourd'hui parmi les écoliers est imposée par ces affligeantes manifestations de l'hérédité pathologique.

Cependant, les enfants anormaux ne constituent heureusement qu'une minorité; la majorité comporte des qualités et des défauts moyens, c'est avec une *médiocrité* normale, que l'éducation a le mieux et le plus à faire.

L'éducation rationnelle du caractère aura pour but d'éveiller la conscience, d'inculquer dès les premiers pas, des habitudes de franchise, de courage, de maîtrise de soi.

Chaque qualité sera développée par la pratique raisonnée, chaque défaut reconnu sera extirpé. Comme dans le jardin bien soigné, on consacre les soins les plus éclairés aux plantes utiles ou jolies, et on arrache les ivraies et les plantes nuisibles, ainsi on cultivera la fleur humaine, le petit enfant, pour le faire épanouir en beauté morale et physique.

Il est vrai que, pour la mère rivée à son comptoir, à son atelier, ces soins de chaque instant sont impossibles; où puisera-t-elle ce talent d'observation, cette minutieuse entente de la psychologie?

L'enfant né d'elle, fatalement est voué à l'antique erreur du passé qui le laisse se développer tout seul, comme il peut. Mais ne faut-il pas demander à l'école, de remplacer pour l'enfant du peuple le foyer abandonné ?

La femme célibataire qui se voue à l'éducation de l'enfant, peut accepter ce devoir maternel, y chercher un rôle social plus large, plus humain que le seul exercice d'une profession.

A côté de la mère physiologique, à qui nous ne demanderions qu'une santé robuste, une constitution vigoureuse ; volontiers, nous placerions l'éducatrice maternelle sans être mère, qui saurait élever en complète science les enfants de l'école primaire, ceux à qui la société marâtre refuse le bien sacré : un foyer doux et paisible, une mère sage et dévouée !

La mère inculte ne peut faire cette éducation du caractère, c'est bien évident ; l'école doit y suppléer.

L'éducation du caractère se fera par une méthode rigoureuse, elle systématisera, hiérarchisera les tendances, établira le caractère sur des bases solides constituées par des habitudes, et des principes de droiture, de loyauté, qui ne laisseront plus de prise aux influences dissolvantes du milieu dans lequel l'enfant peut être placé.

L'enfant manifeste-t-il une tendance à la bonté à la générosité ; est-il serviable, attentif,

observateur ? On lui fournira l'occasion d'exercer ces tendances.

On sait avec quel empressement l'enfant se prête
à rendre quelque service dans la maison. Comme
il aime à se rendre utile, il y a là pour lui une
exaltation de son moi individuel à laquelle il est
très sensible.

Il sera fier d'avoir une mission à remplir,
d'aider sa mère dans de petits travaux, ainsi
tenir un écheveau de fil pour le dévider, classer
des échantillons dans une boîte, arranger les
cuillères et les fourchettes dans le tiroir de la
table, etc. Mille petites besognes dont l'enfant
s'acquitte avec joie, il aime qu'on lui confie une
fonction, il prend conscience de sa personnalité
et l'idée du Devoir peu à peu s'inculque dans
sa conscience, mieux par que un précepte.

N'oublions pas que toute l'éducation de l'enfant doit avoir pour base des actes et non des
mots !

L'enfant est naturellement sociable. Il crée un
monde autour de lui, quand il joue, il anime la
chaise, la table, le livre, les choses. Pourquoi
ne pas profiter de cet anthropomorphisme naturel pour lui faire aimer, respecter les objets qui
l'entourent.

Par exemple il aura un cheval, une poupée,
un joujou quelconque, volontiers en jouant il

les baisera, les cajolera, mais sa mobilité d'impression les lui fera bien vite abandonner dans un coin ; pourquoi ne pas l'amener à prodiguer plus de sollicitude pour ce qu'il aime, ce dont il jouit ? Ainsi on lui montrera que le joujou qu'il aime, qui le comprend quand il lui parle, ne doit être abandonné après le jeu ; peut-être en souffre-t-il ?...

Il faut le soigner comme lui-même veut être soigné. De là des habitudes d'ordre, de sollicitude pour l'objet, qui sert à son plaisir, et par suite, la reconnaissance, la gratitude germeront dans l'âme enfantine.

Nous ne multiplierons pas les exemples, il suffira d'indiquer la voie.

S'agit-il de l'égoïsme inné, de la versatilité naturelle ?

Nous serons fidèle à la méthode concrète. Sans préceptes, sans leçons fastidieuses, nous mettrons l'enfant à même de constater les effets douloureux de ces penchants. De bonne heure nous voudrions qu'il fît l'expérience de ce que l'égoïsme a de mauvais.

Dans un repas, refusera-t-il de partager un fruit, un gâteau ; nous agirons de même une fois à son égard, nous le priverons à son détriment, en faveur de nous-même. La mère par exemple, prendra un jour sa part en lui faisant remarquer qu'il a agi de la sorte. Il souffrira de la privation, et cette souffrance lui rendra l'égoïsme peu à peu odieux ; car l'enfant ne *veut* pas souffrir ; d'instinct, il se soustrait à tout ce qui est pénible.

Pour guérir la versatilité, on lui fera remarquer que chaque acte de notre vie se renouvelle uniformément. Nous avons des habitudes constantes, des besoins constants, donc l'enfant apprendra d'après cette constatation à accomplir régulièrement certains actes.

On se baigne, on mange, on dort, on travaille chaque jour, il faut prendre l'habitude de l'exactitude, de la ponctualité, ainsi pour montrer que le défaut de ces habitudes est douloureux on soumettra l'enfant à une petite épreuve ; de temps en temps, s'il montre trop d'inconstance, on supprimera le goûter, le petit déjeûner en objectant qu'hier il a goûté, donc il peut ne pas goûter aujourd'hui, puisqu'il ne lui agrée pas de faire chaque jour la même chose !....

Il faut de temps à autre une petite souffrance résultant d'une faute pour tremper le caractère de l'enfant ; c'est l'expérience qui corrige ; et la leçon reste de cette façon inoubliable.

Sans doute la souffrance sera proportionnée à la faute, mais elle doit être surtout une conséquence naturelle de l'erreur, jamais une manifestation de l'impatience ou de la colère maternelle ; c'est pourquoi nous proscrivons absolument, rigoureusement, les châtiments corporels qui humilient et avilissent les caractères.

Dans cette éducation du caractère, il faut tenir compte de l'état physique, s'assurer que les caprices, les variations d'humeur ne proviennent pas d'un mauvais état de l'organisme.

La paresse est susceptible de déceler de l'anémie, du lymphatisme ; la tendance au mensonge dénonce le nervosisme, parfois même des psychoses plus graves chez les fillettes ; de même la peur, la timidité excessive.

Dans ce cas ni les punitions, ni l'éducation rationnelle n'apporteront d'amélioration. L'enfant souffre d'une tare, il réclame des soins médicaux.

Le caractère est le miroir fidèle de l'organisme. Ne sait-on pas qu'un estomac débile cause de la tristesse, de la misanthropie, on admet pour l'homme l'influence du physique sur le moral, nos organes plus ou moins bien équilibrés retentissent sur notre personne morale ; il en est de même pour l'enfant, tout autant que pour l'adulte soumis aux lois de la physiologie ; et plus que lui, sensible et émotif.

Les habitudes contractées dans l'enfance ont

une influence ineffaçable dans la formation du caractère. La mère ne saurait l'oublier.

Qu'il s'agisse donc d'habitudes morales ou d'habitudes physiques, c'est-à-dire que l'enfant soit accoutumé à voir l'ordre, la propreté, l'harmonie régner au foyer ; ou bien qu'il soit témoin de querelles, de désordre, qu'il grandisse au milieu du désarroi moral, il ne saurait perdre ces empreintes faites par le milieu.

Une part douloureuse de fatalité pèse sur tous ces petits qui naissent nombreux, quoi qu'on en dise, dans les demeures du pauvre, parfois dans les taudis !

Comment donner à tous ces petits déshérités le bienfait d'une éducation qui saurait substituer à l'hérédité, un facteur tout-puissant, capable d'atténuer l'inclémence du sort, qui voue la famille ouvrière aux pires dangers physiques et moraux ?

VI

L'Education de la volonté

Jamais aussi bien qu'aujourd'hui, on n'a proclamé la puissance de la volonté. Les éducateurs qui savent développer la volonté, la rendre ferme et nette travaillent au progrès certain de l'individu.

Le pouvoir de la volonté formulé banalement dans le vulgaire « vouloir c'est pouvoir », constitue une force indéniable.

Ceux qui *savent* vouloir ont une supériorité reconnue.

Nietzsche qui a magnifié la volonté de puissance n'a fait qu'affirmer encore le rôle de la volonté dans le domaine moral ; si l'on admet que la volonté est une force, un levier superbe pour commander à l'action, par quelle aberration fait-on un reproche à l'enfant d'être volontaire ? Chaque jour, nos pédagogues s'évertuent à annihiler la volonté de l'enfant, à la faire plier, à l'assouplir à un tel degré qu'elle est réduite à rien.

Le but de tout éducateur semble être d'inculquer l'obéissance, l'obéissance passive. N'est-ce pas une faute ?

On a affirmé que sans obéissance, il n'y avait plus de discipline, plus d'ordre.

L'obéissance raisonnée, peut être utile, si on la subordonne à la volonté de l'enfant, c'est-à-dire si l'ordre n'implique pas l'abolition de la volonté et de l'initiative personnelle.

Nous sommes disciplinés à obéir et nous ne

savons pas obéir ; parce que l'obéissance passive engendre un besoin de révolte. L'enfant qui montre une certaine fermeté dans ses désirs, qui s'attache à un projet, un dessein, ne nous paraît pas un petit coupable, il a le germe d'une précieuse qualité. Il s'agira de régulariser cette tendance, de la drainer, pour ainsi dire, au profit du Bien.

Au lieu de dire à l'enfant : Fais ceci ! Fais cela ! Il vaut mieux faire appel à sa volonté et dire : Veux-tu, voudrais-tu faire ceci, cela ?

Ce n'est pas ici une simple formule de politesse, il y a une sorte de suggestion réalisée par ce « veux-tu » ?

L'enfant sentira qu'on fait appel à sa volonté, il sera flatté, s'habituera à *vouloir*. Si à une telle injonction, il répond : « Je ne veux pas », il faut poursuivre résolument :

— Pourquoi ne veux-tu pas ?

Exiger des raisons, arriver enfin par persuation, par une sorte de pression morale, à modifier cette volonté, si elle est mal dirigée ; et cela fort simplement, par le seul ascendant moral que doit exercer la mère. C'est de cet ascendant que dépend tout le succès de l'éducation de la volonté.

Il faut que l'enfant ait une confiance absolue en sa mère ; pour gagner cette confiance, il n'est pas besoin de flatter l'enfant, de satisfaire ses caprices, c'est un système corrupteur. L'enfant s'aperçoit très vite du défaut de la cuirasse, il en abuse ; il a un secret instinct pour reconnaître le juste et l'injuste, il ne laisse pas passer inaperçus les petits torts qu'on lui fait ; en vertu de cette faculté essentielle qu'il possède d'aspirer à son plus grand bien physique ou moral ; il tend comme un vrai petit animal à prendre le moins de peine possible, pour emmagasiner le plus de force, le plus de profit matériel, il travaille sans cesse inconsciemment au développement de son « moi » individuel.

Tout ce qui peut contrarier ce penchant est antipathique à l'enfant, donc en entourant l'obligation d'obéir d'une condition dépendant de la volonté même de l'enfant, on lui suggère l'obéissance. Il lui semble qu'il obéit parce qu'il veut bien.

Il *voudra* aussi, grâce à cette sorte de suggestion, faire ce qu'on lui dit, accomplir la petite tâche qu'on lui destine, faire son devoir en un mot.

Dans un ouvrage que les pédagogues auraient intérêt à consulter, le Docteur Paul-Emile Lévy a réuni sous ce titre : *Education rationnelle de la volonté*, des aperçus ingénieux basés sur le rôle de la suggestion en éducation. Peut-être

n'est-il pas vain de rappeler que pour développer la volonté chez l'enfant, il faut lui donner
l'exemple d'une volonté ferme, ne jamais lui
céder lorsqu'une fois une résolution est prise.
Ce sont ces fléchissements, ces variations qui
compromettent irréparablement l'éducation de
la volonté.

Un enfant a-t-il fait une faute ? Avant d'accor-
der le pardon, on fera encore appel à sa volonté :

— Veux-tu être sage ?

Il hésitera peut-être, un combat intérieur se
livrera en lui, mais habitué à faire un retour
sur lui-même, il s'interrogera, exprimera sincè-
rement sa volonté avec une promesse d'amende-
ment.

L'initiative personnelle peut se manifester de
diverses manières en mille circonstances, il faut
laisser l'enfant agir par lui-même aussi souvent
qu'il peut, le discipliner à vouloir, et une fois
que sa volonté est exprimée l'y retenir jusqu'à
l'accomplissement complet.

La volonté réside surtout dans l'équilibre
normal des forces, un état maladif, une débilité
constitutionnelle compromettent la puissance
de vouloir ; les médecins ne voient-ils pas en ces
abouliques incapables d'agir, les malheureuses
victimes de la névrose ?

L'enfant bien portant doit *vouloir* énergiquement ; il ne faut en rien diminuer ce pouvoir. Les volontaires sont des enfants qui promettent des êtres supérieurs, à la condition qu'une éducation sage fortifie cette volonté, la discipline rationnellement. Ce n'est pas un défaut, si l'enfant veut avec énergie, le contraire est plus alarmant. Les êtres passifs, faibles, qui se laissent facilement entraîner sont bien plus dangereux et exposés à de bien plus graves mécomptés que ceux qui *veulent*.

Il ne s'agira donc pas de s'opposer à la volonté manifestée par l'enfant, ni de la faire céder systématiquement, il faudra au contraire souvent y faire appel.

Le « je veux » banni par les pédagogues de jadis est la marque d'un caractère, l'affirmation d'une vertu qu'il faut précieusement développer pour le meilleur usage de la raison. Il n'est pas sage de réduire l'enfant à une petite machine, agissant selon les ordres, ne sachant rien faire par lui-même, d'autant plus que sous cette soumission, bien des fois se cachent la révolte et l'indiscipline.

Il faut habituer l'enfant à vouloir et à obéir, parce qu'il veut bien, en jugeant, que ce qu'on lui ordonne est juste, parce que mieux que lui, sa mère connaît ce qui est bien.

Dans les moindres actes de la vie journalière,

on peut exercer l'enfant à vouloir ; et sa volonté librement exprimée ne doit pas lui être imputée à tort, mais seulement elle sera redressée s'il y a lieu. C'est une erreur de croire l'enfant semblable à une cire molle, il possède une personnalité nettement accusée, où se trouve en germe tout ce qui fera l'homme ou la femme.

De l'éducation du caractère, comme de celle de la volonté dépend le fonds moral de l'individu ; et des habitudes de se maîtriser, de commander à ses instincts résultera une valeur morale plus haute.

La mère qui saura exercer sur l'enfant cet ascendant fait de confiance et de tendresse n'aura pas à sévir, elle obtiendra sans châtiment l'obéissance raisonnée, soumise en dernier ressort à la volonté, bien supérieure à cette obéissance passive qui réduit l'énergie et amoindrit le caractère.

Si l'on permet à l'enfant d'exprimer ouvertement sa volonté, il faut savoir aussi lui apprendre à en faire le sacrifice dans un intérêt supérieur.

La mère journellement sacrifie sa volonté ou son plaisir pour le bien de la famille, l'enfant le remarquera facilement, et cet exemple peut influer sur sa volonté fort heureusement.

L'exemple du bien influe sur l'enfant aussi

profondément que l'exemple du mal, car il est hasardeux et injuste d'affirmer que le mal seul est contagieux.

Si l'on avait coutume de donner aux actes louables, aux actions héroïques le même retentissement qu'on a pris l'habitude néfaste de donner aux crimes, aux méfaits, peut-être verrions-nous moins souvent les forfaits se répéter.

Dans les manifestations du vice, une part considérable est due au pouvoir de l'exemple, à une sorte de contamination morale qui atteint surtout les sujets de faible moralité, de conscience amoindrie ; le phénomène est identique à celui qui se produit pour les maladies physiques. L'organisme sain résiste, l'organisme affaibli succombe.

Il est donc nécessaire de raffermir la conscience de l'enfant, de développer sa volonté dans le sens du bien ; d'en régler l'exercice par la régularité des habitudes, et la sage maîtrise de soi.

S'il est bon que l'enfant apprenne à vouloir, il serait désastreux qu'il *voulût* sans contrôle, la mère diligente exercera d'abord ce contrôle, recherchera les cas où l'enfant doit manifester sa volonté, mais elle soumettra cette volonté à l'épreuve pour enseigner à l'enfant, la fermeté.

Il ne s'agit pas de vouloir, il faut encore diriger sa volonté vers un but constant, savoir ce qu'on veut et le vouloir fermement.

L'enfant ne trouve pas toujours à la maison, ni à l'école la vraie éducation de la volonté. On l'habitue à agir par ordre, sans lui donner l'occasion de décider lui-même.

Il n'est pas vain de soumettre l'enfant à quelque déconvenue, quand il manifeste une volonté déraisonnable.

Par exemple, s'il *veut* une chose mauvaise, il est bon qu'il trouve son châtiment dans l'exercice même de sa volonté ; nous voulons dire que parfois, il faut laisser l'enfant souffrir un peu de sa faute. Supposons qu'il refuse de se coucher lorsque l'heure habituelle de dormir a sonné, qu'il s'entête à veiller comme il arrive lorsque le jeu le passionne ; on le laissera veiller jusqu'à ce que le sommeil l'abatte, il y a bien des chances, pour que vaincu par la souffrance, il ne soit guéri de son caprice.

S'il est téméraire dans les exercices du corps : saut, course, etc., qu'on le laisse une fois en souffrir. La leçon de l'expérience sera souverainement salutaire. Ainsi on peut diriger vers le Bien, même les tendances coupables, il suffit d'une observation judicieuse alliée à une ferme direction.

L'enfant normal sait manifester sa volonté

avec franchise, si on l'y habitue; il a ses goûts ses aversions qu'il doit exprimer librement, et la pire éducation est celle qui réduit l'enfant sournoisement à l'obéissance, sans laisser à son petit être la liberté morale.

Une discipline sévère va presque toujours à l'encontre du but; l'enfant qu'on a plié à des ordres formels devient hypocrite, prend l'habitude de dissimuler ses tendances, semble se conformer à la règle et les pires instincts couvent doucement et silencieusement sous le vernis d'une éducation faussée.

L'enfant doit pouvoir montrer toute sa petite âme, librement, être lui-même en toute chose. La mère veillera à la culture de l'âme, mais ne cherchera pas à substituer les tendances les unes aux autres, sans respecter bien attentivement le caractère. Il n'y a pas d'enfant normal qui n'ait en germe quelque vertu. Toute l'éducation se bornera à enrichir ce fonds, sans essayer de niveler les âmes selon une mesure commune.

Les vertus essentielles qu'il faut chercher à donner à l'enfant sont la fermeté du caractère, la volonté, le goût de l'initiative personnelle. Nous avons besoin d'êtres fermes, au vouloir énergique, à qui l'effort soit un besoin, qui n'aient point le goût de l'aise et de la jouissance.

« L'homme n'est pas fait pour être porté », a

dit un des hommes les plus représentatifs dans ce champ de l'initiative personnelle (1) et l'enfant doit être élevé dans ce précepte, Qu'il apprenne de bonne heure à vouloir, même ce qui est difficile, nous dirons, surtout ce qui est difficile, que dans ce combat, chaque jour plus ardu de la vie, la mère ne lui épargne pas les occasions de lutter, qu'elle sache en l'armant pour la vie lui dire comme jadis les Corinthiennes en donnant le bouclier aux jeunes guerriers « Reviens dessus ou dessous, mort ou victorieux ! »

Eviter toute peine, faire à l'enfant une vie molle et douce, c'est corrompre son énergie, c'est préparer un avenir de misère, c'est amoindrir les cœurs.

Filles et garçons apprendront de leur mère le prix de l'effort, la valeur du temps ; et, dans l'exercice gradué de la volonté, s'habitueront à ce « self governement » qui fait du caractère anglais le caractère le mieux adapté aux exigences de l'heure présente.

Notre génie latin se peut soumettre à ce culte de l'effort, à cette apothéose de la volonté sans rien perdre de ses vertus, c'est aux mères de savoir mieux le prix de cette éducation forte, qui ne consiste pas à céder aux caprices, aux

(La vie Intense. — Président Roosewelt.)

besoins fictifs, mais à imposer aux âmes une discipline ferme, juste et droite dont le but sera d'asservir la volonté non aux caprices et à la fantaisie, mais au Devoir, de subordonner le bien de l'individu au bien de tous, la liberté d'un seul à la liberté de tous, et situer le bonheur, non dans l'inaction et la jouissance, mais dans l'effort et la lutte.

VII

Education du Cœur

La vie affective tient peu de place dans l'éducation que l'enfant reçoit à l'école.

Quelques pédagogues négligent totalement l'éducation des sentiments.

N'a-t-on pas affirmé que l'enfant était incapable de manifester de l'amitié ou de l'amour, ni d'éprouver les impressions de tendresse, d'attachement.

L'amitié, l'amour, la sympathie sont des sentiments étrangers à l'enfant.

James Sully, Tiedemann, Preyer, Ramonès

et Paola Lombroso dans son étude si originale
« La Vita dei Bambini » (1), semblent baser
toutes leurs recherches sur les facultés intellectuelles, l'évolution de l'intelligence et ses manifestations.

Il paraît bien plus important au psychologue
de suivre l'éveil et le développement des facultés supérieures de l'enfant que de s'attarder à
rechercher comment il aime ; s'il est capable
d'éprouver de l'amour ou de la haine, en un
mot quelle est sa puissance d'affectivité.

Est-il juste de ne s'intéresser qu'à l'être physique et au cerveau de l'enfant ?

L'individu ne saurait exister sans faire une
part au sentiment, et la mère ne voudra pas
oublier l'éducation du cœur dans le développement moral de l'enfant.

Nous connaissons très mal tout ce qui touche
à la sensibilité de l'enfant, à son pouvoir d'aimer.

Nous ne tenons guère compte des sentiments
qu'il professe aux personnes ou aux choses ; et
si les psychologues se sont plu à nier l'affectivité
de l'enfant, nous pensons au contraire que certains enfants éprouvent très vivement des sentiments d'amour ou de haine.

____

(1) Traduction française publiée dans l'*Enfant*, revue men-
suelle illustrée, Paris, par J.-R. Sée. 1908.

Il est vrai que dans la première enfance, l'enfant est sollicité par tant de choses nouvelles, il est en proie à de si nombreuses impressions toutes neuves pour lui qu'il n'a guère le temps de s'attacher ; il faut d'abord qu'il fasse connaissance avec tout ce qui l'entoure, qu'il harmonise, classe, ordonne, tout ce qu'il voit de nouveau. Pour lui tout est découverte, il marche de surprise en surprise. Chaque minute, presque, lui fournit une sensation nouvelle ; c'est une activité incessante de tous ses sens, qui s'éveillent au monde nouveau. Il va de surprise en surprise, tout est magie, merveille pour sa petite âme. Le monde lui paraît un jardin enchanté où son petit être cherche non pas à communiquer ses impressions, mais à en jouir le plus intensément.

La versatalité, la mobilité des impressions de l'enfant sont une entrave à la manifestation de l'amour ou de l'amitié ; l'égoïsme inné lui fait tout rapporter à lui-même ; et ces tendances communes à tous les enfants s'accordent bien mal avec l'amitié.

En réalité, il est faux de dire que l'enfant ne sait pas aimer. Il s'aime lui-même par dessus tout !

Tout ce qui le touche, ses habits, ses joujoux, ses livres, ses membres même lui sont également chers et précieux pour le profit qu'il en tire, il s'aime encore dans les choses qui lui servent.

Il manifeste bien cette tendance égoïste en spécialisant l'objet qui lui appartient, il accentue la possession en l'affirmant.

Ne dira-t-il pas communément ?

— Mon livre à moi, mon chapeau à moi, ma poupée à moi, etc... C'est à moi ! Telles sont les formules ordinaires qu'il emploie lorsqu'il parle de ce qui lui appartient.

Il est évident que l'attachement que l'enfant peut manifester pour les personnes ou pour les choses est toujours en raison directe du profit qu'il en retire.

La preuve même que l'enfant ne sait aimer que par intérêt, c'est que la nourrice substituée à la mère dans les soins qu'il réclame sera bien plus chérie par lui que la mère lointaine. Que d'enfants ont ressenti un vrai déchirement en se séparant de leur nourrice, et il a fallu de longs soins affectueux, un entier dévouement pour leur faire oublier la femme qui les avait soignés précédemment.

L'amour filial ne serait que la résultante des soins maternels ; et l'on s'explique aisément que la mère indifférente ou détachée de ses enfants par les soins de sa profession, soit bien moins aimée que la femme qui se consacre toute à l'enfant,

On a dit : « L'enfant aime qui l'aime ». C'est exprimer très sobrement cette forme spéciale du sentiment chez l'enfant, basé essentiellement sur le profit qu'il retire de l'affection, dont il est l'objet. L'enfant devine très aisément s'il est aimé, quelques soins pour sa petite personne, quelques caresses, le gagnent promptement ; il se donne aussi vite qu'il se reprend ; car il oublie vite le bienfait reçu.

On l'accuse à tort d'être ingrat. Cette prétendue ingratitude tient à la fugacité de sa mémoire.

B. Perez nous dit que la mémoire de l'enfant est intermittente ; en effet les impressions se succèdent en lui comme les images d'un cinématographe ; une impression en chasse une autre ; et si le bienfait ne se renouvelle pas, l'enfant oublie.

Observons les enfants dans leurs jeux.

Ils ont des amis, des camarades préférés plutôt, mais il est rare que ces amitiés soient fidèles. Promptement, l'enfant portera sa tendresse sur un autre ; il est inconstant ; pour peu qu'un autre camarade flatte mieux ses goûts, il ira à lui sans penser au délaissé qui, à son tour, agira de même.

Le meilleur ami sera toujours pour l'enfant, celui qui correspondra le mieux à ses goûts, lui procurera de la joie.

Nous avons souvenance d'une fillette qui manifestait une tendresse particulière pour les fillettes bien vêtues qui s'accordaient avec ses idées de vanité. Elle ne jouait jamais qu'avec les mieux habillées, et la plus élégante à son avis était la préférée, elle aimait en elle son défaut.

C'est toujours ses goûts, son plaisir, sa propre satisfaction que l'enfant recherche, il exige de l'ami non pas de l'amitié mais sa seule jouissance ; il s'aime lui-même à travers les autres.

L'éducation modifiera sûrement cette tendance, redressera le cœur, osons-nous dire.

L'enfant aime à sa manière; il aime en égoïste c'est certain, il faut lui apprendre à aimer supérieurement avec ce sentiment élevé qui permet de se dévouer à l'ami, de lui sacrifier ses goûts, en un mot, de s'oublier soi-même.

Cette éducation, longtemps restera l'œuvre maternelle exclusivement ; car c'est dans le cœur maternel seul que réside cet amour du sacrifice, ce dévouement de chaque instant qui rend l'amour si noble. Il faut bien convenir que le vouloir inculquer à l'enfant ne saurait être très aisé, car cette qualité d'amour fait de sacrifice et de dévouement n'est point banale et forme même chez les meilleurs, l'exception !

Au fond de bien des amours reste l'égoïsme inné que nous signalons chez l'enfant !...

Mais pour que l'enfant ouvre son cœur à la tendresse désintéressée, au dévouement, il faut lui fournir les occasions de laisser ces sentiments s'épanouir.

Toute l'éducation va à l'encontre de ce but.

Que voyons-nous à l'école, au lycée ?

Les amitiés entre camarades sont mal notées, si elles sont trop exclusives.

Les maîtres admettent la camaraderie, la bonne entente en général, la serviabilité, l'obligeance et la franchise, mais les amitiés sont raillées volontiers.

Les enfants tendres, les natures sensibles souffrent cruellement de la vie de collège ; là, il est vrai, plus que nulle autre part, le cœur se brise, se bronze ou se corrompt.

Faut-il rappeler les émouvantes pages de Michelet — *Ma Jeunesse* — celles de François Coppée, de Paul Margueritte et de bien d'autres, dans lesquelles les souvenirs douloureux des premiers jours au lycée sont évoqués avec amertume et regret.

L'enfant trop sensible est voué à la douleur, c'est évident ; car nous froissons bien souvent sans le savoir, la petite âme enfantine, comme le bœuf foulé dans la prairie avec ses lourdes pattes, la fleurette, joie des yeux, qui émaille le pré.

Nous étouffons sous l'indifférence, parfois sous le sarcasme, le premier élan sentimental de l'enfant, qui, pour ne pas avoir l'air d'en souffrir se fait un masque d'insensibilité. L'éducation confiée à des femmes nous semble éviter cet écueil. La mère ou l'éducatrice sera moins portée à railler la première éclosion du sentiment chez l'enfant ; aussi est-il bon de confier l'éducation première jusqu'au seuil de l'adolescence à la femme.

La femme obéit elle-même mieux aux sentiments, elle les devine plus sûrement ; son âme s'accorde avec l'âme enfantine par une secrète affinité.

C'est la mère qui éveillera ou développera le cœur de l'enfant ; si elle répond à la première douleur par la tendresse et la pitié, si elle sait souffrir avec lui, partager son sentiment d'affection pour les choses, témoigner même quelque tendresse au joujou préféré, l'enfant se sentant compris, ouvrira son cœur, aimera encore mieux la mère qui partage ses impressions.

Par cette communion d'âme, la mère contribuera à fortifier les sentiments de l'enfant, à les rendre moins éphémères ; si elle rappelle à l'enfant oublieux sa tendresse évanouie, si elle l'y ramène en évoquant les qualités, la beauté, l'utilité même de l'objet.

L'enfant à qui elle fera voir la souffrance qui résulterait pour lui de l'abandon qu'il inflige lui-même à l'objet de sa tendresse, voudra éviter cette douleur ; l'habitude, peu à peu, se substituera à la nature, et graduellement la constance, la sollicitude pour l'objet aimé viendront enrichir le domaine affectif de l'enfant.

La pitié, la patience, le dévouement, l'altruisme se peuvent ainsi enseigner par une lente assimilation, par un travail patient que la mère seule peut tenter.

Mais, va-t-on objecter, il faut trouver ces vertus au cœur des mères.

Dans le peuple, la femme tenaillée par les soucis, sans culture, saura-t-elle faire cette subtile éducation du cœur ?

Nous ne l'affirmerons pas, mais nous admettrons qu'avec une sérieuse conscience de son devoir, la mère même inculte, mettra au cœur de ses enfants une parcelle de tendresse, elle fera appel à leur amour pour elle, pour les rendre plus dociles ; et pourquoi n'insisterait-elle pas sur ses propres souffrances pour attendrir

l'enfant, faire appel à son affectivité, éveiller
sa pitié.

Certes, la mère, dans le peuple, est assez souvent cette mère douloureuse, à qui la vie n'offre
que chagrins, pour que, du moins, elle sache
trouver dans le cœur des petits ; le divin baume
de la pitié.

— Si vous saviez ce que j'ai souffert pour
vous, disait devant nous, une mère exception-
nellement éprouvée ; et l'enfant lisait dans les
yeux maternels un tel appel à sa pitié, qu'il son-
geait à sa mère à chaque tentation de mal faire,
et triomphait d'un mauvais instinct.

Bien mieux que les leçons de morale cet appel
du cœur au cœur sera salutaire !

Oh ! ces leçons de morale, banales et pon-
cives, quelle trace peuvent-elles laisser ? Quel
bien en retirent les écoliers ?

Certainement une plus faible empreinte leur
en reste que de la punition infligée pour la leçon mal sue ; car la punition entraîne son con-
tingent de souffrance, odieux à l'enfant ; et la
leçon abstraite se perd dans l'ennui ou la dis-
traction.

La mère ne recourra à aucun livre pour former le cœur de son enfant, elle recourra seulement aux trésors de sa sollicitude, elle sera la
voix de l'amour qui sait les mots éloquents

pour parler à l'âme, elle éveillera les sentiments au souffle inspiré de sa tendresse.

Elle ne voudra pas, à l'exemple d'un maître dans sa chaire, imposer ses goûts ou ses préférences, façonner une âme selon un type uniforme, elle aura le sens subtil qui aide à découvrir le bien et le mal inclus dans chaque âme d'enfant et se bornera à développer, à agrandir, à embellir le fonds heureux. Elle lira dans la petite âme ; comme elle devine une altération de la santé, elle devinera les sentiments ; parce que son cœur de mère possède la science qui ne se trouve dans aucun livre : l'amour pour l'enfant.

Aimer l'enfant pour lui apprendre à aimer ; voilà le seul précepte, l'essence même de cette éducation du cœur, et dont, peut-être, nul pédagogue ne se soucie.

C'est cet amour qui, dans le taudis aussi bien que dans le palais, rend tous les enfants égaux ; et que nous voudrions encore plus vif, plus vigilant, plus complet au cœur de toutes les femmes.

Aimer l'enfant suffit pour faire de lui, non pas sans doute, le triomphateur, mais du moins, l'homme au cœur droit, et lorsque les psychologues affirment froidement que le sentiment ne fleurit pas au cœur de l'enfant, nous nous tournons vers les mères, et nous nous demandons si ce n'est point leur faute !

L'enfant saura aimer tout ce qui est bon, tout ce qui est bien, tout ce qui est beau, tant que les mères sauront se pencher sur les berceaux avec amour et regarder dans les yeux clairs qui n'ont pas encore menti, pour y comprendre l'immense douceur de l'âme enfantine, pleine d'amour pour qui l'aime !

VIII

Au seuil de l'adolescence

C'est au seuil de l'adolescence que l'éducation de l'enfant exige de la mère une vigilance subtile et prévoyante.

C'est l'heure trouble où le corps subit une crise qui retentit sur le moral.

Les fillettes bien plus que les garçons sont à ce moment profondément troublées ; de douze à quinze ans une métamorphose s'accomplit par lentes transformations, parfois, au contraire, par brusques secousses.

L'enfant semble en proie à un malaise moral,

une nervosité excessive s'accuse chez les fillettes accompagnée de crises de paresse, d'accès de mauvaise humeur, de mélancolie sans cause ; bien souvent on traite à contre sens ces manifestations d'un état pathologique. Des punitions infligées mal à propos, répondent quelquefois à ces désordres et désorientent encore plus profondément les petites dolentes.

Il n'est pas rare de constater à ce moment chez les fillettes du peuple, plus que les autres, victimes de l'ignorance des mères, des suicides, des fugues ; et même, hélas, des chutes dans la basse prostitution ; tout concourt à mener au vice ces fillettes à la conscience fragile, pour qui l'école n'a pu qu'aggraver le malentendu entre leur demi-science acquise dans les livres, et l'ignorance inconsciente des mères.

Pour le gamin la transformation moins sournoisement cruelle et moins profonde physiologiquement, ne constitue pas moins une crise.

Le lycée, l'école, pas plus que la généralité des parents, n'ont bien souvent cure de cette profonde métamorphose. L'enfant, vaguement effrayé par le malaise physique, s'enferme dans un douloureux émoi, redoute de s'épancher et le désire en même temps ; il n'est pas rare qu'auprès de camarades plus avisés, il ne se corrompe, prenne une direction dangereuse, si la mère ne sait pas par un redoublement de tendresse, par une confiance plus complète, pénétrer plus avant dans le cœur ulcéré par la première souffrance.

Nous nous recrierons contre les punitions, les semonces prodiguées à ce moment, à l'enfant — garçon ou fillette — qui se montre inapte à l'étude, qui se lasse vite du jeu, qui veut et ne veut plus dans le même instant, à qui tout est sujet de mécontentement et que l'on proclame volontairement « insupportables ».

Les parents accusent bien banalement l'âge ingrat, mais avec une sereine philosophie, laissent l'enfant franchir cette étape dangereuse, comme il peut ! C'est assurément moins néfaste que d'accabler l'enfant de reproches et de gronderies.

A l'école, où l'on pourrait du moins souhaiter quelque entente de cette crise, il est bien rare qu'on la prenne en considération. La vieille routine et l'odieuse hypocrisie qui entravent encore le progrès dans l'éducation féminine, se plaisent à jeter un voile pudique sur les causes purement physiologiques de cette crise.

Au lieu de chercher à réconforter la fillette, à l'armer contre la frayeur, à l'aide de la sereine pureté de la vérité scientifique, on la laisse en proie à ses appréhensions, à ses souffrances. Ne serait-ce pas le moment de profiter de cette souffrance pour consolider sa conscience, lui révéler sa mission de génitrice, l'éclairer sur sa responsabilité, sur son devoir ? On ne rougit guère de laisser l'imagination de l'enfant se salir au contact des réalités grossières qui débordent partout, sur les murs en réclames obscènes, dans les livres illustrés, dans la basse littérature qui distille, avec les premières lectures, le poison le plus subtil, et on se fait un scrupule de révéler à la fillette — femme de demain — ce qu'elle *doit* savoir pour rester la fidèle gardienne de son honneur de femme.

De même pour le garçon ; c'est bien timidement encore qu'on ose désiller ses yeux, lui montrer le terrible danger des amours vénales, lui inspirer une plus haute estime de la femme et l'horreur de la débauche.

Une mère éclairée adoucit, il est vrai, la cruauté de ces heures douloureuses, au seuil de l'adolescence, mais comme nous le disions au début de ces pages, c'est de l'ignorance, de l'incompréhension des mères qu'est faite la douleur des enfants !

Nous ne nions pas que la tendresse ne supplée parfois la science, on parle avec raison de l'intelligence du cœur, mais cette intuition, cette sollicitude naturelle sont insuffisantes pour accomplir avec toutes ses exigences à ce moment, le devoir maternel.

Si l'on consulte les statistiques, on s'alarme à juste raison devant la précocité des jeunes délinquants, on reste confondu devant ces délits graves commis par des enfants, ces « fautes » imputables à de petites apprenties, ces lamentables *arpètes*, proie toute désignée pour les vices séniles, et nul ne songe à incriminer le milieu, les circonstances, l'éducation manquée…

La transformation physiologique de l'enfant en adolescent éveille toutes les tares, donne un coup de fouet aux mauvais instincts, aux hérédités nocives.

C'est aux parents de monter la garde autour de la petite âme, qui leur doit ses défaillances ; à la mère de reprendre sur son sein l'enfant que la vie va lui ravir pour toujours, et qui, demain sera comme elle, femme, mère douloureuse ; ou contre elle, déjà homme !

La discipline à ce moment devra s'adoucir, l'enfant sera encouragé aux confidences, exhorté à la patience, réconforté par plus de confiance, moins de sévérité.

Pour ce qui concerne le corps, une part plus large sera faite au repos, à la promenade ; c'est à ce moment qu'il serait bon de laisser la fillette respirer à pleins poumons l'air pur des champs, le garçon tonifier ses muscles par les exercices du corps. Où sont, hélas, les larges « *Spielplatz* » des écoles anglo-saxonnes, où tous les enfants, pauvres comme riches, peuvent acquérir les muscles, qui triomphent des nerfs !

Nos malheureux écoliers en sont encore au triste préau de prison, ou à la poussiéreuse route des banlieues encombrées !

Si l'éducation physique souffre des antiques errements du passé, que du moins la mère s'évertue de parfaire l'éducation morale !

Elle éveillera l'attention de l'adolescent sur les choses belles, les merveilles de la nature, la joie des aubes radieuses, la splendeur des crépuscules d'été : l'enfant verra l'éveil des êtres à la vie, la floraison des plantes, l'édification des nids, toute cette poésie de la nature, cette majesté de la vie souverainement pures, belles et chastes dans leur simplicité, il y puisera la force, la paix de l'âme.

Les livres, ces témoins morts qui parlent surtout à l'intelligence sans éveiller le cœur, seront un moment délaissés en faveur des travaux manuels, de ceux qui exigent le moindre effort physique, tout en équilibrant les forces.

La mère n'oubliera pas que l'âme est l'esclave du corps, à ce moment ; tout ce qui altère la santé physique retentit sur la santé morale, il n'est plus permis aujourd'hui de négliger l'un pour l'autre.

A treize, quatorze ans, l'enfant cesse d'être le petit animal tout entier absorbé par l'accroissement de son être physique ; qui rapporte tout à ses besoins physiques ; de la direction donnée à sa mentalité dépendra la formation de sa personne morale.

L'initiation à la charité, à l'altruisme, au dévouement, à la solidariré se fera par la seule méthode profitable à l'enfant : par l'exemple. Point de préceptes : des faits. Des choses et non des mots, avaient coutume de dire les anciens, il faut rééditer la maxime en matière d'éducation.

Les fillettes partageront avec leur mère les soins du ménage, elles iront, si elles sont de condition aisée, visiter les pauvres, coudront des vêtements pour les petits déshérités, iront voir les crèches, les hôpitaux d'enfants, se pencheront vers la souffrance pour l'alléger, fraterniseront avec celles à qui leur bonheur manque, et, en le comparant à la détresse des autres, le feront rayonner.

Pour peu qu'on sache leur parler de l'instabilité de tout bien, de l'incertitude de tout avenir, elles se sentiront prêtes à répandre des bienfaits sur celles que le sort n'a point admises au festin du bonheur.

— Aujourd'hui tu jouis de tout, tu es choyée, mais demain ? Demain tout peut manquer, à ton tour tu voudras être aidée ; aujourd'hui c'est de toi que vient l'assistance, demain ce sera toi qui en bénéficieras !

Il est vain de penser que l'on obtiendra quelque sacrifice de l'enfant, même de l'adolescent, sans faire vibrer ce secret, mais indéracinable instinct de l'égoïsme ! L'éternel amour de soi peut se purifier en le faisant ainsi dévier vers le prochain.

C'est en rapportant d'abord tout à lui-même, que l'enfant entre en communion avec les objets et les êtres qui l'entourent ; il ne sait pas le prix abstrait du sacrifice, et d'ailleurs toute l'antique conception du paradis et de l'enfer ne repose-t-elle pas sur cette morale de l'intérêt ?

— Fais le bien pour gagner le ciel, dit la morale chrétienne.

— Fais le bien pour être heureux, disent les rationalistes, et la différence est mince !

L'enfant sentira le prix de l'entr'aide, de la charité, en se substituant au malheureux, il fera le bien dans l'espoir d'en profiter à son tour ;

où est le mal ? et pourquoi supposer l'enfant meilleur que l'homme ?

N'est-il pas avéré qu'au fond de tous les dévouements, de tous les amours, de toutes les pitiés, de tous les héroïsmes, il y a le *moi* impérieux et dominateur !

L'égoïsme peut devenir vertu, quand il est un levier pour exercer le bien, peu importe qu'on accomplisse des actions nobles avec l'idée d'en magnifier le *moi*, l'important est d'agir pour la plus grande somme de Bien.

Si tout en songeant à lui-même, l'adolescent est capable d'effort, de dévouement, de sacrifice et de vertu, il est louable ; l'éducation qui l'a ainsi formé est bonne ; l'important est de mettre dans la conscience la volonté d'agir pour le bien du prochain, même en espérant la réciproque ; et ce n'est en somme que le principe évangélique :

Fais aux autres ce que tu voudrais qu'on te fît !

Avec l'éveil du cœur, se fait aussi l'éveil des facultés supérieures de l'intelligence.

L'enfant possède déjà un fonds d'expérience, sa mémoire est moins fugace, il doit exercer son jugement, manifester librement sa personnalité;

C'est l'heure d'orner l'esprit. Les arts offrent

un vaste champ où l'enfant peut glaner de nobles jouissances.

Pourquoi l'art resterait-il un luxe de riche ?

Si nous chargeons la mère de tout le poids de cette éducation complexe du corps et de l'âme, nous souhaitons à l'école une part dans l'éducation esthétique.

Ce n'est pas à son triste foyer que l'enfant pourra jouir des œuvres belles de l'art, faut-il que cette jouissance lui soit refusée ? Nous ne le voudrions.

L'art pur et simple est moralisateur ; à côté des pauvres meubles de l'ouvrier, nous voudrions quelque souci d'art, non pas dans ce hideux faux luxe de bazar, mais dans quelques fleurs soigneusement cultivées sur le rebord de la fenêtre. Ce serait un bon moyen d'exercer la faculté d'observation et d'attention de l'enfant.

D'aucuns affirment que ni l'observation, ni l'attention ne se peuvent exiger de l'enfant avant l'adolescence.

Il nous est bien permis, par l'expérience d'ailleurs, de penser en ce cas, à l'éveil tardif de ces facultés, par défaut d'exercice.

On n'habitue pas l'enfant à observer, pas plus du reste qu'à exercer sa mémoire visuelle. La mémoire auditive est la seule dont on exige un fastidieux exercice ! Que de temps serait mieux employé que celui que l'on consacre à l'audition des leçons apprises par cœur ! L'odieux exercice !... qui assimile l'élève à un perroquet !

Apprendre par cœur c'est négliger l'intelligence au profit de la mémoire, cette faculté, mère du verbalisme... qui laisse si peu de place au jugement, à la réflexion.

Nous voudrions que la mère dirigeât l'attention de l'enfant vers les objets qui l'entourent, leur forme, leur place, leur utilité, leur état.

Dans une chambre, nous changerions les objets de place pour exercer l'attention de l'enfant en le forçant à remarquer le changement.

Nous lui demanderions de quelle couleur est l'habit d'une personne qui passe, ce qui la distingue des autres, nous insisterons sur les détails pour initier à la précision, donner l'habitude d'observer.

Dans l'exercice d'un devoir simple, par exemple se baigner, se soigner les ongles. les cheveux, s'interdire de cracher, de jeter des papiers dans la rue, l'enfant peut trouver une excellente discipline morale qui, par extension, s'appliquera à des devoirs supérieurs.

C'est du concours de toutes les facultés éveillées attentivement par la mère que dépend l'heureux essor de la personnalité de l'enfant.

A l'adolescence, le fruit des leçons précises, de cette minutieuse observation de chaque heure, de cet inlassable dévouement maternel se révèle dans sa splendeur. Quelle mère n'en est pas fière ? et ne souhaiterait d'accomplir cette œuvre avec toute la patience qu'elle exige ! — et avec quelle douleur faut-il considérer celles qui n'ont pour guide dans leur délicate fonction, que l'instinct et la routine !

L'enfant traité souvent comme un petit rebelle parce qu'il ne sait ou ne peut obéir, arrive à l'adolescence las d'être contraint, avide d'agir à sa guise et n'ayant jamais appris à acquérir cette maîtrise de soi, qui commande aux instincts, ni à exercer sa volonté dans le sens du Bien.

La vie l'emporte, le soustrait au joug qu'il supporte impatiemment et il peut se croire enfin délivré de l'obligation d'obéir ! L'ignorance du Devoir le conduit au pire esclavage, à celui des passions et des vices que l'éducation négligée laisse devenir des tyrans inflexibles.

L'enfant mérite un meilleur destin !

Il semble qu'il ait droit à tous les soins, lorsqu'on voit sourire les tout-petits dans leurs berceaux, qu'on cherche dans leurs yeux clairs le mystère de leur pensée ; il n'est point permis d'abandonner ces chers innocents à l'insouciance, de livrer leur destinée au hasard de l'ignorance.

La femme ne s'improvise pas mère ; elle a trop de responsabilités dans le destin de son enfant pour ne point s'attacher à son devoir maternel, rechercher tout ce qui contribue à en assurer le parfait accomplissement ; c'est pourquoi tout dans l'éducation de la jeune fille doit tendre vers ce but : fonder une famille vigoureuse et saine. Il n'est point de meilleure manifestation de l'amour de la patrie ; car assurer à la famille plus de bonheur, de salubrité morale et physique, c'est travailler à l'expansion de la France, c'est abolir le cruel souci qui hante les sociologues de notre temps, en se représentant une race qui se meurt, un peuple qui se suicide lentement.

Nulle de celles qui sent la grandeur du devoir maternel ne se résignera à n'être que génitrice physiologique, à ne transmettre que la vie sans travailler à la rendre digne d'être vécue ; elle aura conscience que dans la négligence de son devoir elle change l'œuvre ineffable de vie en œuvre de mort !

IX

Education Sociale

Former le corps, l'esprit, le caractère la volonté, de l'enfant n'exclut évidemment pas la formation de l'individu sociable.

Pour donner à l'enfant les vertus qui le rendront capable de vivre en société, de contribuer à l'effort général vers le Bien, la mère se souviendra que longtemps l'éducation reste la *chose du cœur*.

Nous ne pouvons nous défendre de rappeler ici le mot de Pestallozzi, le pédagogue aujourd'hui un peu oublié, mais dont le livre « Comment Gertrude élève ses enfants » ne manque pas de judicieuses observations :

« L'éducation reste longtemps l'œuvre de la
« femme avant qu'elle commence à être l'œuvre
« de l'homme. Qu'est-ce que cela signifie. C'est-
« à-dire que la loi éternelle de la nature met
« dans les mains de la femme tous les dons de
« l'enfant, tous les traits de son caractère ».

C'est de l'amour maternel que résultera pour l'enfant l'amour filial, car ce qu'on est convenu d'appeler *voix du sang* n'existe en réalité que par effet reflexe.

Les enfants que le vulgaire qualifie d'ingrats
ne sont-ils pas ceux qui n'ont reçu de leur mère
que la vie sans aucun des attributs qui permet-
tent d'en jouir ; c'est par sa subtile entente du
devoir maternel, que la mère prépare cette lente
cristallisation qui sera l'amour filial. En procla-
mant l'ingratitude des enfants, les mères s'accusent inconsciemment ; car il est bien rare que
l'enfant à qui tous les soins ont été donnés, qui a
joui d'une éducation bien comprise, ne se sou-
vienne pas de ce qu'il doit à ses parents.

L'éducation sociale de l'enfant exige le concours du père ; il a sa part très large dans la
formation du *moi* social de l'enfant, soit qu'il
agisse par son exemple, soit qu'il s'intéresse
directement à cette éducation.

Il est évident que dans les premières années
de la vie, le père est plus lointain pour l'enfant,
plus étranger à la personne intime du petit être.

Le père est plus souvent craint, son intervention est plus redoutée que celle de la mère ; justement parce que le père conserve un prestige
plus grand aux yeux de l'enfant.

D'instinct aussi, l'enfant sent qu'il tient
moins intimement à l'homme, qui n'a point
aussi douloureusemeut participé à son être.

Il semble que l'enfant ait la prescience des
souffrances qu'a éprouvées la femme. Le senti-

ment que l'enfant éprouve pour sa mère s'accroît par l'habitude de voir le sacrifice éternel de la femme pour la famille.

L'enfant qui grandit dans les ménages malheureux, chez les pauvres, en butte aux tourments quotidiens de la misère, chérit la mère en raison des souffrances qu'elle subit et dont il éprouve le contre-coup.

Ne voit-on pas des garçonnets, des fillettes s'unir avec la mère contre le père ivrogne ou débauché? Ils savent dans ces tristes cas, que le seul bien qu'ils peuvent attendre leur viendra de la mère ; et ils se groupent autour d'elle avec cette ferveur du naufragé qui s'attache à l'épave qui doit le porter au port, et sur laquelle il place toute son espérance.

L'enfant tiraillé entre les parents désunis, s'adresse aussi à la mère pour échapper au danger qu'il redoute ; c'est encore une manifestation de l'instinct de conservation ; la mère sent si bien cette tendance de l'enfant qu'elle s'imposera les plus grands sacrifices pour sauvegarder le petit être.

L'enfant lie la femme au mari même le plus coupable ; et dans le devoir maternel, la moins courageuse, la plus éprouvée trouve la patience et l'énergie de supporter longtemps les pires angoisses.

Que l'école fait pour donner à l'enfant du peuple l'éducation sociale ?

Elle lui inspire les vertus civiques, lui enseigne les fastes de l'histoire, les gloires de la patrie, mais c'est au foyer que l'enfant recevra les meilleures leçons. De l'intégrité du foyer dépendra la vertu sociale de l'enfant ; et si l'on met en relief les tristes progrès de la criminalité juvénile, il faut aussi remonter jusqu'à la source, et chercher la racine du mal dans la désorganisation du foyer.

A l'école du moins, l'enfant trouvera dans la vie en commun, dans l'égalité des mesures, dans la juste appréciation de son effort, une bonne préparation à la vie sociale.

Les chagrins causés par la rigueur du maître, les tracasseries des camarades constituent un bon apprentissage de la vie, les mères trop tendres s'y résigneront, il faut que l'enfant apprenne à souffrir.

On reproche justement à la mère française son excès de tendresse ; on l'accuse de soustraire trop souvent l'enfant aux contrariétés, aux petits chagrins de la vie en commun, de le rendre pusillanime, en lui évitant toute peine.

Il n'est point mauvais que l'enfant apprenne par l'expérience personnelle, que son imprudence, son imprévoyance, sa folle témérité sont des sources de maux.

Un petit imprudent à qui une infraction à l'obéisance cause une légère blessure, sera beaucoup plus amendé par cette expérience que par les admonestations les plus souvent renouvelées.

Il y a une certaine vertu dans la douleur, une vertu propre à amender les moins perfectibles, car la souffrance qui résulte d'une faute personnelle met en relief la culpabilité et fait naître le repentir.

La mère ne devra pas négliger ces leçons de l'expérience, elle laissera l'enfant souffrir de son étourderie, de son inattention pour discipliner la volonté et exercer le caractère à la maîtrise de soi.

Une tendresse dissolvante ne saurait qu'amollir les âmes, préparer ces caractères veules à qui manque toute énergie ; ce n'est point ainsi que la mère doit entendre son devoir, son amour maternel visera au plus grand bien de l'enfant et non à la seule satisfaction de son cœur.

A l'exception des autres amours, l'amour maternel ne doit pas être égoïste ; il sacrifie sa propre jouissance au meilleur être de l'enfant, l'amour maternel est fait de force d'âme, d'énergie et de raison.

Le devoir maternel ne comporte aucune faiblesse, la mère aimera donc ses enfants pour eux et non pour elle ; elle substituera leur bonheur au sien, et dans ce sacrifice même, elle trouvera la suprême satisfaction.

De l'accomplissement de ce devoir résultera une éducation nouvelle qui saura remettre au cœur de l'enfant ce respect, que les mœurs actuelles ont, dit-on, aboli.

Ceux qui ont si légèrement blâmé l'esprit d'indiscipline de la génération présente, le mépris qu'elle professe pour le principe d'autorité, jadis formulé dans le Décalogue :

« Honore ton père et ta mère ! » ont négligé de rechercher si ce respect, cette soumission à la volonté des parents étaient dûs sans contrôle.

L'enfant, l'adolescent coupables de fautes graves portent une terrible accusation contre leurs ascendants dans la plupart des cas.

Devant les délits, les crimes même commis par les enfants, les moralistes, les juges se tournent vers les parents avec sévérité ; les cas sont nombreux où, suivant l'ordre d'un magistrat américain, le père confronté devant le fils eût à rougir devant l'enfant, et de cette leçon cruelle le magistrat tira pour amender l'enfant un merveilleux parti.

Il est amer de constater ces faillites du respect dû aux parents, mais les vices des pères exercent une trop cruelle fatalité sur les enfants, pour ne point reconnaître à la société le droit de sauvegarder l'enfant, et de le protéger même contre ses parents.

Lorsque les pères et les mères font litière de leurs responsabilités, lorsqu'ils foulent aux pieds leur devoir le plus sacré, et qu'ils rejettent légèrement la faute sur le mauvais naturel de l'enfant, c'est encore leurs vices qu'ils proclament et ils s'accusent eux-mêmes.

L'école qui, a sa part dans les reproches lancés à la légère, est moins coupable que ne le sont les parents.

Son action ne saurait jamais prévaloir sur le fonds héréditaire ni sur l'éducation familiale ; or si le fonds héréditaire reste un mystère, devant lequel nous sommes mal armés, sinon désarmés complètement, l'éducation possède le pouvoir supérieur, c'est elle qui doit remédier à l'hérédité, elle est un facteur d'amélioration tout-puissant, et en mettant en valeur le devoir maternel, en essayant d'en faire voir la haute portée sociale, nous voudrions espérer dans la puissance de l'éducation pour atténuer les tares, pour battre en brèche cette fatalité que l'hérédité fait peser sur l'enfant.

Nous ne saurions admettre que l'enfant soit irrémédiablement victime des influences ancestrales, nous espérons en la vertu de l'éducation avec notre confiance dans l'énergie des mères et dans l'entente de leur devoir !

La mère reste le salut de l'enfant; son influence bonne ou mauvaise est la clef de voûte de la famille, la plus grande erreur des anti-féministes est de proclamer l'inutilité de l'instruction de la femme, de croire qu'on s'improvise éducatrice avec le seul secours du cœur et de l'intelligence, et d'assurer que pour être la mère parfaite, il suffit d'aimer son mari et ses enfants.

L'amour pour le mari et les enfants qui ne sera pas soutenu par une profonde science, une culture complète ne donnera pas à la famille la valeur morale et sociale qui l'ennoblit, de même que la culture seule rehaussée par l'intelligence ne saurait suffire.

C'est pourquoi nul ne pourrait nier la nécessité absolue de donner à la jeune fille un ensemble de connaissances orientées vers l'accomplissement intégral du devoir maternel ; et lors même que l'inclémence du sort la priverait d'un foyer, elle pourra exercer une influence considérable sur son entourage en se vouant à l'éducation de l'enfant, en luttant contre les fléaux sociaux.

Ce sont les hommes qui gouvernent, mais ce

sont les femmes qui influent bien souvent sur leurs décisions ; et l'influence de la femme concourt puissamment à rehausser ou à abaisser le niveau moral.

On a pu le constater dans les pays où la femme a acquis une force morale, supérieure, les mœurs se sont purifiées. Citerons-nous la transformation accomplie en Suède, en Norvège, en Danemark, en Finlande, grâce à l'éducation sociale de la femme.

L'alcoolisme, la débauche ont rétrogradé sensiblement ; et ce progrès affirme l'importance du rôle de la femme.

Loin de distraire la femme de son devoir maternel, une culture plus large, plus complète, égale à celle de l'homme, ne suscitera pas la rivalité hostile entre l'homme et la femme, mais harmonisera le couple humain pour le plus haut idéal moral, et pour la formation d'une humanité supérieure.

Toute la vertu sociale de la femme s'affirme dans l'éducation de l'enfant ; l'homme né de la femme ne vaut qu'autant qu'elle vaut elle-même ; ce n'est pas de restreindre les droits de la femme de mettre des bornes à ses revendications qu'il s'agit, mais de magnifier le métier de mère, de proclamer le droit imprescriptible de l'enfant à une vie morale et physique plus saine et plus pure.

Si complexe que devienne cette tâche, il suffira à la femme sérieusement dévouée à sa mission, de retrouver dans ses enfants quelque chose de ses plus tendres impressions, l'image de leur père et de vouloir transmettre à ces jeunes vies, la plus grande somme de bonheur possible pour s'y dévouer.

Comment l'enfant pourrait-il acquérir les vertus sociales qui constituent l'honnête homme au milieu d'un foyer ravagé ? La crise que l'on signale dans la famille française fait trop de victimes, il est temps d'y songer !

Que la femme apporte le salut en se dévouant toute à son devoir maternel, que l'enfant ne puisse plus accuser de sa disgrâce le père ou la mère insouciants de leurs responsabilités ; qu'il retrouve au foyer, l'image de l'union, de la concorde, du dévouement ; qu'il grandisse avec le culte de son foyer et si les religions meurent avec leurs légendes, et leur part de merveilleux, que la religion de la famille s'affermisse et rehausse la morale.

L'enfant devenu adolescent saura bien ce qu'il doit de gratitude à ses parents, le scepticisme railleur, qui met aux lèvres de l'enfant l'ironie en face de son père ou de sa mère, s'envolera devant un respect nouveau fait de confiance et de tendresse.

Mais toute une éducation de la famille est à faire. Comment exiger le respect de l'enfant devant le père ivre ou débauché, la mère frivole ou vaine ?

L'exemple paternel est décisif dans la conduite du jeune homme ; on peut être adversaire de la tradition, du moins faut-il en reconnaitre la puissance en matière d'éducation.

L'adolescent suit d'instinct la voie tracée par le père, si une conscience ferme ne l'arrache pas à la contagion de l'exemple ; et nous savons que c'est exiger une vertu trop haute !

Le couple désuni exerce aussi une influence désastreuse sur l'enfant.

Le divorce qui libère les époux ne trouve pas grâce devant l'enfant qui reste la douloureuse victime toujours sacrifiée !

Devant la discorde de ses ascendants, l'enfant se trouve dans une alternative cruelle, tour à tour entraîné vers l'un ou l'autre de ses parents, sa conscience vacille, il perd le respect, méconnaît le principe d'autorité et la nécessité de choisir entre son père et sa mère altère à jamais le sentiment filial. Aussitôt que l'enfant se sentira en infériorité morale ou physique, il accusera ses ascendants et qui oserait le lui reprocher ?

L'union libre que des esprits élevés, des consciences solides peuvent admettre, parce qu'ils trouvent dans leur respect de la parole donnée une force qui peut se passer de sanction légale ou religieuse, ne donne hélas ! à l'enfant qu'un sort malheureux ; elle le met hors la loi !

Ce n'est donc pas dans l'union libre que l'on peut trouver la solution heureuse à cette question angoissante et complexe des droits de l'enfant !

Les ruptures, les tourments passionnels que l'union libre rend presque certains, ont une répercussion cruelle sur l'enfant, sur son avenir.

Le malheureux innocent n'échappe pas plus aux tristes conséquences des tares morales qu'il n'échappe à celle des tares physiques ! Quel sujet de doute et d'appréhension pour ceux qui s'engagent dans les liens du mariage ! Et faut-il vraiment blâmer ceux dont l'âme n'est pas assez forte pour assumer la charge qu'impose la famille !

Plutôt que de souhaiter un plus grand nombre de naissances, ne faut-il pas souhaiter pour l'enfant une plus haute éducation morale, un sentiment plus large des responsabilités pour le soustraire à la pire disgrâce : celle qui

ne lui donne au foyer que la tendresse attristée
de la femme solitaire ou la morne froideur du
père pris par ses soucis ou ses plaisirs !

Ni les lois, ni les réformes ne sauraient amé-
liorer le sort de l'enfant, si l'harmonie du couple
humain fait défaut, pour édifier la famille pros-
père et morale !

X

La Mère devant son fils, sa fille

Comment la mère heureuse, fortunée, obligée
de parader dans le monde entend-elle son devoir
maternel ?

Si dans le peuple, nous voyons les exigences
de la conquête du pain porter atteinte à l'accomplissement du devoir maternel, en haut, dans
la bourgeoisie, l'aristocratie, ce devoir pâlit
devant les exigences, moins nobles à coup sûr,
du monde !

L'enfant du peuple pâtit de l'absence de culture maternelle, l'enfant riche pâtit de même
d'une culture trop raffinée. La mondaine enchaî-

née par l'esclavage des plaisirs, des visites, des réceptions laisse le soin de l'enfant à des subalternes, il s'en trouve de très dignes, mais ce n'est point toujours leur influence qui sauvera l'enfant de la perte irréparable causée par l'indifférence maternelle !

Si le devoir maternel comporte le sacrifice de quelques satisfactions mondaines, de quelques plaisirs factices, la compensation qu'il offre vaut largement le sacrifice.

Lorsque le garçonnet est devenu un bel adolescent robuste et bon, lorsque la jeune fille s'épanouit en fleur de grâce et de santé, la mère ne triomphe-t-elle pas ?

Quelle satisfaction se pourrait mesurer à celle que fait goûter l'accomplissement de ce long et pénible devoir maternel ?

Ne savons-nous pas que chaque homme, parmi les meilleurs a proclamé, exalté même la part de bonté qu'il doit à sa mère ?

Les uns, artistes, penseurs, poètes, sous des traits immortels, dans des strophes éloquentes, avec la magie des mots, la splendeur des images, le rythme harmonieux des vers, ont célébré l'âme maternelle; d'autres ont voulu offrir à leur mère la gloire de leurs œuvres, rapportant à elle tout ce qui les avait faits grands.

Faut-il rappeler en quels termes touchants

l'amer Heine, malgré son âme tourmentée et son corps torturé parlait de *sa mère ?*

Il gardait près d'elle seule la force de sourire, la faculté de goûter la joie ; pour sa mère dans « les yeux de laquelle, après avoir trouvé par-« tout les sarcasmes et la haine, il retrouvait « l'amour, l'amour si longtemps cherché, il sou-« riait ! » (1)

Coppée, le tendre, le doux rêveur, ne mani-feste-t-il pas une religieuse tendresse pour « sa « pauvre sainte maman, qui n'avait qu'un vieux « châle reteint pour ses rares sorties et qui ache-« tait les plus beaux livres, les plus beaux cahiers « pour lui enseigner à lire et à écrire ».

Partout, chez les maîtres de la pensée, l'in-fluence de la femme, de la mère supérieure est révélée par une phrase attendrie, une évocation de la tendresse maternelle. C'est une part de leur génie, la plus suave, la plus intime qu'ils reconnaissent devoir à la mère. Dans ces fils supérieurs, la dure tâche féminine ne trouve-t-elle pas une glorieuse apothéose ?....

Le jeune homme cynique, secouant avec im-patience le joug maternel, la jeune fille frivole et vaine, accusent d'autre part la mère incapable ou indifférente !

C'est encore à la mère méconnaissant son

(1) H. Heine, sonnets à sa mère. Poésies complètes.

devoir, que nous pouvons reprocher le peu de respect et d'estime que certains hommes professent pour la femme.

Les misogynes, ceux qui comptent la femme seulement comme l'esclave de leurs plaisirs, n'ont jamais goûté la douceur des soins maternels ; ils se vengent peut-être en avilissant la femme d'avoir ignoré le plus suave des bienfaits, d'avoir été privés de la sollicitude maternelle !

Le fils qui a grandi auprès d'une mère vigilante, qui à toute heure aura trouvé la mère se sacrifiant à ses soins qui, plus grand, aura senti une main délicate et ferme qui le guidait sûrement, le mettait en garde contre les entraînements et les dangers, ne pourra jamais avilir une femme, dans la brutale satisfaction des instincts grossiers.

L'âme maternelle faite de douceur et de dévouement aura épuré la sienne ! Le fils d'une mère supérieure aura le respect inné de la femme ; il est inutile de rappeler que de ce respect résultera une autre morale, un arrêt dans la marche effrayante des fléaux sociaux. La débauche, l'alcoolisme, toutes les tares physiques qui en résultent ont pour genèse le mépris de la femme ou son incapacité !

Avec le respect que la mère inspire à ses enfants, la femme cesse d'apparaître, comme une créature inférieure, asservie à l'instinct et par le seul fait de donner la vie, elle apparaît à l'homme sanctifiée et ennoblie.

En songeant aux sacrifices faits par la mère, le fils fuira les amours vénales pour fonder à son tour un foyer nouveau; il ne voudra pas infliger à une femme la douleur d'une maternité que l'on proclamerait coupable, si la femme ne pouvait s'en glorifier.

Dans les pays où depuis longtemps émancipée, la femme a conquis une place égale à celle de l'homme, grâce à plus de science, de sagesse et d'intelligence, les mœurs se sont purifiées.

Voyons l'exemple que nous donne la poétique Suède : la prostitution est abolie, une morale identique impose à l'homme aussi bien qu'à la femme, les mêmes principes. Dans le mariage, hors du mariage, la maternité sanctifie la femme; nulle mère ne reconnaît à son fils le droit de gaspiller sa jeunesse, dans ce qu'on est convenu d'appeler les *plaisirs*; elle rougirait de savoir que son fils *s'amuse* et les *conquêtes* du jeune homme, triomphantes par le seul tort fait à une femme, sont une honte. La mère orgueilleuse de sa maternité ne saurait accepter la déchéance d'une femme, par le fait même de cette maternité, dont elle se glorifie et qui flétrit l'autre.

Mères triomphantes dans la légalité ou mères

honteuses par la *faute* que les mensonges conventionnels proclament, ne sauraient être distinguées par le seul fait, que l'une triomphe dans l'ordre établi et que l'autre déchoit hors la loi, ne sont-elles pas mères au prix des mêmes douleurs, et par cela même sacrées, pour avoir donné la vie ?

Comment, le fils élevé par une mère supérieure pourrait-il admettre la déchéance d'une femme qui devient mère ? Son cœur et son intelligence lui feront voir, non pas la *faute* de la femme, mais son sacrifice et peut-être des deux, le coupable ne serait pas celle qui souffre mais celui qui n'a obéi qu'à ses instincts.

C'est une égalité dans la douleur, dans le sacrifice qui fait l'égalité dans le mérite.

Le jeune homme qui s'incline devant la mère respectée, n'aura-t-il que mépris et dédain devant la mère douloureuse qui assume la lourde responsabilité du devoir maternel ? Ce serait un cruel illogisme !

Comme nous souhaitons une part égale dans les responsabilités, une morale égale pour l'homme et la femme, nous espérons d'une meilleure éducation sociale plus de justice pour la femme dont le premier, droit imprescriptible nous semble être celui de s'élever et de s'enno-

blir par la maternité et l'accomplissement intégral de ce devoir !

Par cette orientation nouvelle de l'esprit féminin, cessera peut-être l'éternel conflit des sexes,
qui oppose sans cesse l'homme à la femme,
pour aboutir à la défaite de la moins armée
pour la lutte ; la femme, sacrifiée encore aux
erreurs d'une législation faite pour l'homme et
par l'homme !

Les temps nouveaux apportent heureusement
des modifications à ces erreurs du passé ; dans
la transformation qui s'opère les droits de la
femme et ceux de l'homme s'harmonisent, une
vertu nouvelle s'est imposée : tous les hommes
se sentent solidaires ; et la femme peu à peu
conquiert son droit aux mêmes avantages que
l'homme.

Le niveau moral que les pessimistes affectent
de voir plus bas, s'élèvera sûrement quand l'œuvre de libération de la femme sera parachevée.

Lorsque les mères que l'on accuse d'être in-
différentes à leur mission la plus sacrée s'affir-
meront plus conscientes, plus éclairées, la famille
ennoblie croîtra en prospérité et en vertu.

Ces temps sont-ils tout proches ? Pourquoi
en douter ?

Un effort immense se fait. Les voiles de
l'ignorance tombent ; déjà dans les classes supé-

rieures, on voit moins de jeunes filles se placer en rivales à côté de leur mère. L'une pardonne plus aisément à l'autre de l'éclipser et si la mère abdique encore avec quelque regret le seul bien qu'elle ait appris à apprécier : l'hommage des flatteurs, elle voit du moins sonner avec joie l'heure où sa fille, son fils prennent de ses mains, l'éternel flambeau qui rallume la vie et crée de nouveaux foyers.

Dans le peuple, l'antagonisme reste plus aigu, parce que la marche en avant oppose plus fortement la mère à la fille, mais c'est la rançon du progrès.

Si quelques *révoltées* veulent abolir violemment la tradition, conquérir de haute lutte leur indépendance, s'évader du foyer, leurs élans se brisent d'eux-mêmes, si elles méprisent les éternelles lois, qui font à la femme une absolue nécessité de vivre pour transmettre la vie. Le progrès à souhaiter, le seul combat à mener c'est d'assurer à la mère plus de bien-être, plus de sécurité, plus de respect et plus d'estime.

Tous les efforts du féminisme doivent tendre à magnifier le devoir maternel, et à relever la mère aux yeux de ses fils et de ses filles.

Le progrès féminin ne saurait être dans la proclamation des droits, dans la négation des devoirs traditionnels, il ne peut exister que dans la plus large acceptation de la mission souverainement belle et noble de la femme, qui n'est point malgré tous les talents, les aptitudes, les connaissances, de briguer des triomphes au barreau, au laboratoire, dans les arts ou les lettres, mais de rappeler avant tout que la femme trouve dans la maternité consciente la plus noble victoire !

Aucun succès ne saurait donner à la femme une félicité plus durable, plus exempte de déceptions que celle de reconnaître dans ses fils et ses filles plus de talents, de vertu et de bonté qu'en elle-même.

C'est dans le foyer embelli, enrichi par tous les trésors que le progrès met à la portée de chacun, que la femme recueillera la plus noble récompense de son long effort, le prix de son sacrifice.

C'est de cette éternelle vérité qu'il faut entretenir les jeunes filles ; rehausser à leurs yeux de toute sa splendeur et sa joie, ce devoir maternel; et si les anciennes croyances peu à peu s'envolent au souffle de la vérité scientifique, si le cloître perd chaque jour sa poésie et son mystère ; si enfin, il est vain de penser que la femme trahie dans son amour, déçue dans ses espérances demande à Dieu le seul bien qu'on lui ait fait connaître, ou cherche dans le désordre à oublier l'égoïsme de l'homme, il est juste de mettre au cœur des jeunes filles, des jeunes hommes le culte de l'enfant, le respect de la mère, et le sentiment de la grandeur de notre pays basé sur plus de force morale et de vigueur physique.

XI

Conclusion

Est-il nécessaire de démontrer que pour accomplir le devoir maternel au sens le plus complet la femme doit puiser à la fois dans son intelligence, dans son cœur, la science subtile, faite de pénétration, de vigilance, de sollicitude sans cesse en éveil ?

Peut-être trouvera-t-on que dans le sacrifice incessant que nous souhaitons pour l'accomplissement du devoir maternel, nous érigeons la tyrannie de l'enfant en dogme.

Le couple humain serait-il, d'après notre conception, asservi à l'enfant ? Certes non. Mais sacrifier l'enfant à des influences étrangères pour permettre à la mère de concurrencer l'homme dans les travaux de l'atelier, de l'usine, du comptoir, du bureau, du laboratoire, nous paraît une erreur redoutable.

Faire de l'enfant la petite victime condamnée à l'internat si mal compris presque partout en France, le soustraire à la douceur du foyer sous prétexte d'éducation meilleure, constituent une défaillance dans l'accomplissement du Devoir maternel.

Célibataire et libre, la femme peut à son gré exercer le métier qui assurera son indépendance économique, mais épouse et mère elle se doit au foyer, le mari assumant la charge de subvenir aux besoins de la famille. L'antique conception du mariage ne saurait varier en ce sens ; la femme reste l'économe de la maison, la gardienne du foyer pour le plus grand bien des enfants, si elle a conscience de sa mission.

La famille ne saurait être maintenue dans son intégrité morale, si l'homme et la femme recherchent seulement le bénéfice d'un salaire double, il est bien plus juste d'appliquer aussi à l'édification du foyer la théorie de la division du travail : L'homme au dehors, la femme au foyer ; non pas comme jadis, dans l'inaction et la flânerie, mais dans l'exercice des multiples fonctions qu'exige le Devoir maternel.

La famille que l'on se plaît à proclamer désorganisée se transforme, c'est évident !

Il serait injuste de voir dans cette transformation des erreurs seulement, et des fautes.

Il y a, au contraire, une ébauche de progrès social, dans l'aspiration de la femme vers plus de droit ; vers plus de liberté ; à la condition que ces aspirations se subordonnent à l'accomplissement du Devoir Maternel dans toute sa complexité.

L'enfant, même avant sa naissance, demande à la femme une vigilance éclairée ; pour lui, elle ménagera ses forces, soignera sa santé, observera une rigoureuse hygiène individuelle, considérera comme un crime tout ce qui peut porter atteinte au bien-être physique du petit être qu'elle espère, attendra dans la joie et la paix l'heure douloureuse et bénie, où le premier cri de l'enfant la sacrera mère, sanctifiera son sacrifice.

Dans la marche en avant de l'humanité, dans l'évolution de la société vers une meilleure ère, la femme doit espérer de pouvoir, dans des conditions meilleures, consacrer assez de temps à son devoir maternel, sans qu'il exige le sacrifice de sa santé physique, sans qu'il épuise ses forces.

La fortune économique de notre pays est liée

à la force de la race, à son énergie morale et physique, bien plus qu'à l'activité industrielle ou commerciale de la femme.

Les quelques millions de femmes françaises réduites à la cruelle extrémité de conquérir leur pain en exerçant des métiers épuisants, n'ont, certes, pas empêché la concurrence étrangère de nous mettre en infériorité sur les marchés mondiaux; et ont sûrement contribué à l'abaissement du taux de la natalité, à l'élévation de la mortalité infantile, à la criminelle pratique des faiseuses d'anges !

Nul n'en ignore !

L'avenir exige un plus grand nombre de mères robustes et saines, peut-être faut-il affirmer qu'en elles se fonde mieux l'espoir de notre race qu'en l'activité et l'habileté des ouvrières et des artisanes. Tous les sociologues l'affirment. Sans vouloir restreindre le droit au travail de toute créature, nous souhaiterions que le Devoir maternel magnifié par des voix et des travaux plus autorisés que les nôtres, fût pour les heureuses, celles à qui la vie sourit radieuse et belle, le but essentiel ; que chacune, à l'exemple de la mère romaine de l'antiquité, proclamât que ses plus beaux joyaux sont des fils robustes, des filles belles.

Les infortunées rivées au métier qui les nourrit, résignées à n'être que les mères physiologiques, à qui la dureté du temps présent impose le double fardeau de donner la vie et de la gagner, ont droit, pour leurs petits, à l'Ecole heureuse, faite à l'image d'un foyer joyeux où l'enfant puisera quand même, la force et la joie pour pardonner, à sa mère de ne lui avoir donné que la vie sans la possibilité d'être élevé par elle !

Malgré tous les vœux des sociologues, le comptoir, le bureau, ne peuvent abandonner leur proie féminine, du moins que le servage industriel fasse grâce aux mères des heures nécessaires à l'accomplissement du devoir maternel.

Est-ce un leurre de souhaiter que moins de de berceaux soient désertés au profit de l'atelier ou de l'usine ? Sans doute, mais le devoir des générations nouvelles est de mieux apprécier les vertus ménagères.

Le cabaret et le mauvais lieu prennent trop de jeunes hommes qui trouveraient au foyer des joies plus saines ; les calculs de l'égoïsme, l'appétit de jouissances causent à la famille française un préjudice moral et social trop grand.

La femme, leurrée par les triomphes de l'intellectualisme, a sa part de reproches à reconnaître ; il dépend d'elle de disputer l'homme aux influences nocives de l'alcool et des *plaisirs* ;

nulle victoire, nulle science, nulle conquête
dans les champs réservés à l'activité intellectuelle ne prévaudront pour elle sur la joie de
tenir dans les bras un bel enfant robuste et sou-
riant, de recueillir sur les lèvres roses du tout-
petit, le premier appel du cœur, que l'enfant
formule dans ce seul mot « Maman ! », de se
glorifier plus tard d'avoir *fait* des hommes
utiles et bons, des femmes sages et dévouées !

C'est dans l'apothéose d'une maternité éclairée et vigilante, que la femme doit oublier tous
les sacrifices, toutes les douleurs, toutes les
souffrances que comporte sa mission, et cette
compensation lui doit être à la fois un stimu-
lant et une espérance !

TABLE DES MATIÈRES

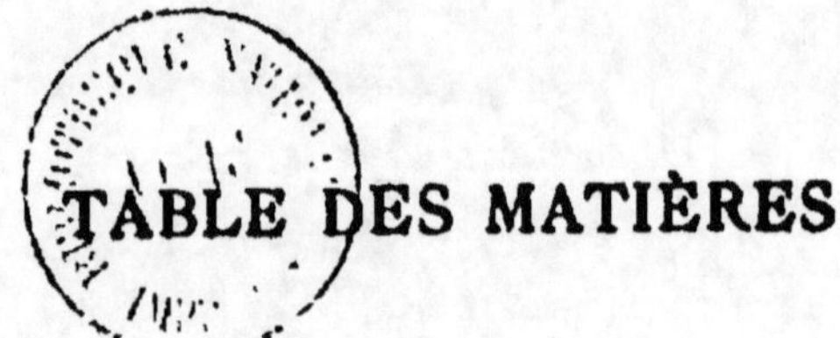

ISSOUDUN. — IMPRIMERIE BIRTÈGUE ET GARDERAULT.